Le jardin écologique

Yves Gagnon

Le jardin écologique

Colloïdales

Photographies
Les Jardins du Grand-Portage sauf lorsque indiqué

Calibrage des photographies
Olivier Lasser

Correction
Dominique Pasquin, Diane Mackay, Nicole Gagnon, Lise Mackay

Infographie
Pierre Foisy

Le jardin écologique est publié par Les Éditions Colloïdales.
Il est imprimé sur du papier Chorus Art soie, fait de 50 % de fibres recyclées
dont la moitié sont de post-consommation et de 50 % de fibres vierges,
issues de forêts certifiées FSC (Forest Stewardship Council).

Les Éditions©
Colloïdales
800, chemin du Portage
Saint-Didace (Québec)
J0K 2G0

www.intermonde.net/colloidales/

Le jardin écologique
Dépôt légal
Bibliothèque nationale du Québec-2008
Bibliothèque nationale du Canada-2008
ISBN 978-2-9810274-0-5
Réimpression 2010
Imprimé au Canada

Écologique, pour toujours

J'ai toujours préféré employer le terme « écologique » pour désigner une forme de culture qui respecte la vie dans sa globalité. Même si aujourd'hui, le terme « biologique » est celui qui est le plus communément employé pour décrire à la fois la qualité d'un aliment cultivé naturellement ainsi que son mode de culture, je persiste à conserver le terme « écologique » pour décrire le mode de culture.

Il importe de préciser que l'écologie est la science qui étudie les relations entre les êtres vivants et leur milieu. L'emploi du terme « écologique » souligne donc le respect du milieu biophysique où la culture est conduite. La biologie se définissant comme étant la science de la vie, le terme « biologique » convient bien pour décrire l'aliment vivant, issu d'une culture écologique.

Au Québec, les deux termes sont protégés par une loi. Nul ne peut donc les employer pour désigner un aliment, à moins qu'il ne provienne d'une culture certifiée par un organisme dûment accrédité.

Les expériences et les recherches qui ont conduit à la rédaction de cet ouvrage ont été réalisées aux Jardins du Grand-Portage ; ils sont situés au nord de la vallée du Saint-Laurent, dans les contreforts des Laurentides, au Québec. Leur zone climatique est la zone 4 b, selon le système canadien.

Enfin, il faut bien comprendre que le genre masculin est employé pour alléger le texte : il inclut le féminin.

Un livre de troisième génération

En 1984, je signais *Introduction au jardinage écologique*, un premier livre qui, contre toute attente, a connu un certain succès. En 1993, une fois écoulées les 10 000 copies imprimées, je l'ai remplacé par *Le jardinage écologique*, un ouvrage qui présentait la synthèse des 10 dernières années de recherche appliquée menée dans mes jardins de Saint-Didace. Le livre a permis à des milliers de gens de s'initier à l'art du jardinage écologique au Québec, dans le reste du Canada et en Europe francophone.

En ce début de 2007, l'inventaire m'indique que les 14 000 copies produites seront épuisées dans l'année. Je dois donc entreprendre sa révision.

Bien que je sois convaincu que chaque jardinier doive développer un rapport personnel à la terre, la culture écologique doit néanmoins être conduite dans un cadre technique qui maximise la qualité et le rendement des cultures de façon à procurer la santé et l'autonomie à ceux qui s'y adonnent.

C'est dans cet esprit que je vous livre *Le jardin écologique*, le fruit de 30 années de recherche et de pratique en culture écologique. J'y ai mis mon cœur, mon âme et ma science.

Intégrez à votre démarche les informations qui vous conviennent et développez votre propre relation à la terre, car ce qui compte, en somme, c'est la qualité du lien qu'on établit avec son environnement, un lien qui offre à tout être humain le potentiel de s'accomplir.

Je vous souhaite de magnifiques cultures.

Table des matières

Le jardin écologique,
un jardin éminemment politique

« Ma propre expérience m'a montré qu'il est possible de vivre dans le même petit lieu et de l'étudier attentivement pendant plusieurs dizaines d'années consécutives et de réaliser que ce petit lieu échappe et dépasse sans cesse toute compréhension. Parce que ce lieu change continuellement et que ce changement demeure imprévisible, le lieu ne peut pas être cerné par une approche réductionniste. Un lieu, hormis notre capacité de le détruire, est inépuisable. Il ne peut pas être entièrement connu, vu, compris ou apprécié. »

Wendell Berry

On trouve dans un jardin toutes les richesses de l'univers et les sources d'émerveillement qu'il procure sont inépuisables. Une fois ces prémisses comprises et intégrées, l'agitation inhérente au besoin de matière et de frivolité s'atténue pour faire place à une paix singulière dont on ne peut se priver, une fois qu'on y a goûtée.

Une révision de notre mode de vie est nécessaire au règlement des problèmes environnementaux et sociaux contemporains. Injustice sociale, pauvreté, malnutrition, perte de biodiversité, pollution, désertification et changements climatiques sont liés à la cupidité d'un cercle restreint d'initiés qui, en se livrant à une course incessante aux profits, maintiennent en vie un capitalisme en phase terminale qui les sert. Lorsque l'économie devient une fin en soi, il apparaît urgent de se questionner sur sa pertinence et de revoir ses tenants et aboutissants.

Hervé Kempf, auteur du livre *Comment les riches détruisent la planète*, affirmait en janvier 2007 dans une entrevue au journal Le Devoir[1] : «Le capitalisme actuel a perdu ses anciennes finalités historiques, soit la création de richesse et d'innovation, parce qu'il est devenu un capitalisme financier, décrié même par des économistes capitalistes.» Il écrit dans son livre : «Comprendre que crise écologique et crise sociale sont les deux facettes d'un même désastre. Et que ce désastre est mis en œuvre par un système de pouvoir qui n'a plus pour fin que le maintien des privilèges des classes dirigeantes.»

À la lumière de cette triste réalité, il apparaît urgent d'instaurer une nouvelle «éco-nomie» dont les pierres d'assise seraient la justice sociale et le respect de l'environnement.

Il semble maintenant clair pour une majorité de scientifiques que nous devons nous attaquer en priorité aux changements climatiques, sans pour autant délaisser les problèmes de déforestation, de désertification, d'eau, de couche d'ozone et de biodiversité, des problèmes tous intimement liés.

Pour contrôler l'effet de serre et les changements climatiques qui lui sont associés, il nous faut revoir notre mode de vie, à la lumière des dépenses énergétiques qu'il entraîne. Nous devons apprendre à réduire nos déplacements et à évoluer dans un milieu plus restreint. Le jardinage écologique est une activité autour de laquelle peut s'articuler un changement d'attitude et de comportement. Il peut devenir le pilier d'un nouveau mode de vie.

Activité de proximité par excellence, le jardinage se pratique autour de la maison et la plupart du temps de façon manuelle, ce qui réduit presque à néant les dépenses d'énergie. Par surcroît, comme l'activité permet la production de fruits, de légumes et d'herbes, elle diminue la demande en transport pour ces aliments, souvent importés. Le jardinage écologique a également l'avantage de se pratiquer en circuit fermé, ce qui limite l'usage d'intrants et, par le fait même, d'énergie. Enfin, le jardinage écologique encourage les échanges entre les membres des communautés locales, ce qui contribue à développer l'esprit communautaire et à favoriser la naissance de petites entreprises, responsables et éthiques, profitables aux êtres humains et à la vie.

En plus de ces avantages sur les plans social et environnemental, le jardinage écologique rétablit un lien avec le monde vivant, lien qui a souvent été rompu au fil des années à cause d'un mode de vie effréné et dénaturé, adopté plus ou moins volontairement. Il favorise ainsi le développement d'une spiritualité libre reposant sur une communion avec le milieu.

Il permet également de produire à faibles coûts des fruits et des légumes de qualité, caractérisés par leur fraîcheur, leur saveur, leur haute valeur nutritive, leur équilibre chimique et l'absence de résidus de pesticides et de gènes étrangers.

Enfin, l'option écologique exprime un refus sans équivoque à l'agrochimie et à son emprise sur la production alimentaire. Cultiver écologiquement ses fruits et ses légumes, c'est dire non merci à Monsanto, à Du Pont de Nemours, à Pioneer, à Bayer Crop Science et à Syngenta, dont la finalité n'est pas la santé des êtres humains et de la planète, mais bien la santé financière de leurs actionnaires. En somme, jardiner écologiquement, c'est prendre en charge sa destinée et cultiver la suite du monde.

1. Entrevue réalisée par Louis-Gilles Francœur, *Le Devoir*, 6 janvier 2007.

Chapitre 1

L'agriculture, l'alimentation et la santé

L'éventail de produits alimentaires offerts dans les supermarchés occidentaux n'a jamais été aussi large. On y trouve à l'année et à très bas prix une panoplie de fruits et de légumes affichant une qualité esthétique remarquable. Mais pour peu qu'on s'y attarde, on constate que cette qualité apparente masque une triste nature.

L'aliment moderne est devenu un produit de masse, fabriqué à grand renfort d'engrais et de pesticides de synthèse, récolté avant terme et issu d'un tripotage génétique de plus en plus généralisé. Il en résulte des aliments ternes et sans goût, déséquilibrés chimiquement, carencés en certains minéraux, vitamines, polyphénols et autres substances protectrices; par surcroît, ils sont contaminés par des résidus de pesticides et dépourvus de vitalité.

Il n'est pas surprenant que nos sociétés soient aux prises avec des coûts de santé galopants. Au Québec, 43 % du budget provincial est monopolisé par le ministère de la Santé. Malgré une espérance de vie croissante, jamais les maladies de dégénérescence n'auront été aussi répandues. De nombreuses études relient l'absorption de résidus de pesticides à plusieurs formes de cancer, à la maladie de Parkinson, aux allergies chroniques et à l'affaiblissement du système immunitaire. Au Québec, le cancer est devenu la première cause de mortalité. Une personne sur trois sera atteinte de cancer au Canada et une personne sur quatre en mourra. Plusieurs études démontrent que les risques de cancer sont plus élevés chez les gens exposés à des pesticides. L'organisme anglais Pesticide Action Network a établi une liste de 160 pesticides potentiellement cancérigènes. Au Canada, nous employons 400 ingrédients actifs pour la fabrication de 7 000 produits antiparasitaires. Au Québec, on répand chaque année en moyenne 1 kg d'ingrédients actifs par hectare de terre cultivée alors qu'en France, des chiffres récents indiquaient un taux de 5 kg par hectare, toutes cultures confondues. À l'échelle planétaire, nous utilisons 2,5 millions de tonnes de pesticides par an[1].

Lorsqu'on parle de maladies de dégénérescence, ce sont bien sûr les pesticides qui sont les premiers mis en cause. Mais il ne faut pas oublier les engrais de synthèse, qui comptent pour beaucoup dans la piètre qualité de l'aliment moderne. Ils constituent d'ailleurs un important facteur de l'utilisation des pesticides.

Les engrais de synthèse

Une plante fertilisée avec des engrais de synthèse ne peut atteindre un équilibre minéral conforme à sa véritable nature.

Lorsqu'une plante se développe dans un milieu naturel, ce sont les micro-organismes du sol, principalement les bactéries, qui sont responsables de l'absorption des éléments nutritifs par la plante. Les bactéries solubilisent l'azote, le phosphore, le potassium, le calcium et les autres éléments dont la plante a besoin pour son développement. Elles puisent ces éléments dans la matière organique, dans la roche-mère ou dans l'air puis, par une action principalement enzymatique, les rendent disponibles aux radicelles des plantes conformément à leurs besoins. Il est rare, dans un contexte naturel, que la plante soit carencée en certains éléments et que d'autres se retrouvent en excès.

Lorsque les plantes sont nourries avec des engrais de synthèse solubles, donc directement assimilables, le processus est entièrement différent. Ce ne sont plus les micro-organismes du sol qui contrôlent le dosage des éléments nutritifs absorbés par les plantes, mais bien le jardinier ou le producteur avec leurs formules d'engrais. Ainsi, les micro-organismes sont court-circuités dans leur travail et les plantes se voient contraintes d'absorber de fortes quantités de certains éléments, alors qu'elles ne trouvent pas dans le sol les autres éléments non présents dans les engrais utilisés. De cette manière, la fertilisation chimique produit des végétaux déséquilibrés chimiquement qui deviennent plus sensibles au parasitisme, donc dépendants des pesticides.

L'azote, le phosphore et le potassium sont considérés comme les éléments primaires, car ce sont ceux dont les plantes ont besoin en plus grande quantité. On les privilégie donc dans les mélanges d'engrais chimiques. C'est leur ratio N-P-K qui est indiqué sur les sacs d'engrais. Ce sont ces éléments qu'on trouve en excès dans les sols et dans les végétaux.

L'azote de synthèse est sans conteste l'élément fertilisant qui cause le plus de problèmes. Pour créer les sels d'azote employés comme engrais, on fixe, par une réaction très énergivore, l'azote de l'air, qui est alors transformé en azote minéral. Mais comme il n'existe pas d'azote minéral dans la nature (aucune roche ne contient d'azote), on perturbe tout le cycle naturel de nutrition des plantes par les micro-organismes lorsqu'on utilise une telle substance. «L'azote est le pivot [...] de l'ensemble des cycles biologiques; c'est pourquoi un apport extérieur d'azote, non prévu dans les cycles, cause des perturbations infiniment plus grandes que

l'apport de n'importe quel autre élément[2]. » Les plantes se trouvent alors
« contraintes à absorber des quantités importantes d'azote nitrique directement assimilable ; cet afflux d'ions conduit à un développement anormalement rapide de la plante, ce qui est sans doute spectaculaire, mais
donne des plantes déséquilibrées et anormalement sensibles au parasitisme[3]. » Par conséquent, de nombreux aliments issus de l'agriculture
industrielle recèlent, au moment de la récolte, des taux élevés de nitrates
nettement supérieurs (jusqu'à huit fois dans certains cas) à ceux des plantes
nourries naturellement. Or, les nitrates ont la propriété de se transformer
en nitrites après la récolte. Cette transformation est accélérée lorsque de
l'azote de synthèse a été utilisé. On a observé dans des épinards commerciaux que cette transformation pouvait être jusqu'à sept fois plus rapide ;
ainsi, quatre jours après la récolte, la quantité de nitrites peut être jusqu'à
50 fois plus élevée que dans des épinards n'ayant pas reçu d'azote de synthèse. Or, les nitrites peuvent devenir cancérigènes dans certaines conditions. De plus, ils réduisent l'activité de la glande thyroïde, responsable de la

transformation du carotène en vitamine A. L'organisme est alors non seulement carencé en vitamine A, mais le carotène non transformé est potentiellement dangereux[4]. Enfin, l'azote de synthèse accroît l'absorption d'eau par les végétaux, ce qui augmente leur poids et leur volume mais non leur teneur en matière sèche et leur valeur nutritive.

On a également remarqué que l'utilisation de phosphore soluble réduisait l'absorption du carotène et du cuivre par les végétaux. Le potassium soluble, quant à lui, lorsqu'il est employé en excès, bloque l'assimilation du magnésium, un élément qui joue un rôle majeur dans notre système immunitaire.

L'utilisation presque exclusive des éléments primaires (azote, phosphore, potassium) dans la fertilisation et le peu d'importance accordé aux éléments secondaires (calcium, magnésium, soufre) et aux oligo-éléments ont créé des carences chroniques en ces derniers éléments dans les sols et par conséquent dans les aliments qui en sont issus[5]. On observe souvent des carences en magnésium, en zinc, en bore, en fer et en cuivre dans les végétaux cultivés industriellement.

Les taux de vitamines seraient également inférieurs dans les aliments industriels. Des études du docteur Henri Joyeux, professeur de cancérologie à la faculté de médecine de l'Université de Montpellier, indiquaient un taux supérieur de vitamine C et de bêta-carotène dans les tomates biologiques. Par ailleurs, des expériences suisses réalisées par le docteur A. Mozafar démontraient qu'un sol cultivé de façon biologique contenait deux fois le taux de vitamine B_{12} d'un sol fertilisé chimiquement. Cette teneur dans le sol s'est reflétée dans les végétaux cultivés[6].

Enfin, la diététique moderne a récemment reconnu le rôle important des substances bioactives présentes dans certains fruits et légumes pour prévenir le cancer et les maladies cardiovasculaires. Citons les polyphénols, les glucosinolates, les sulfides et les flavonoïdes. Or, des recherches française et danoise[7] démontrent qu'on retrouve davantage de ces substances protectrices dans les fruits et les légumes biologiques que dans ceux qui sont produits de façon industrielle. « [...] avec un régime alimentaire par ailleurs rigoureusement identique, les quantités de polyphénols absorbés et celles présentes dans les urines étaient nettement plus élevées lorsqu'ils mangeaient bio que lorsqu'ils mangeaient conventionnel[8]. » Une autre étude danoise révélait que les légumes biologiques recèlent davantage de flavonoïdes, un puissant antioxydant[9]. Enfin, une étude menée par un groupe de chercheurs de l'Université de Californie révélait que des kiwis biologiques présentaient un taux plus élevé de polyphénols et de vitamine C que les kiwis non biologiques. Cette supériorité des aliments biologiques en substances bioactives viendrait des cultivars plus résistants au parasitisme employés par les agriculteurs biologiques et des substances protectrices sécrétées par les plantes lorsqu'elles ont à se défendre naturellement contre les insectes, substances que n'ont pas à produire les plantes traitées aux pesticides.

Malgré tous les inconvénients qu'entraîne le recours aux engrais de synthèse, l'industrie continue de les promouvoir à grand renfort de publicité, au détriment de la santé des sols et des cours d'eau tout comme de celle des êtres humains.

Les pesticides et la santé

Lors de mon séjour de trois ans dans la vallée fruitière de Creston en Colombie-Britannique à la fin des années 70, j'ai été sidéré par la quantité de produits chimiques qu'on vaporisait sur les arbres fruitiers. Par exemple, on traitait les pommiers 25 fois par saison avec hormones, engrais foliaires, divers fongicides et insecticides, on appliquait à leur base des phytocides et on nourrissait les arbres exclusivement avec des engrais minéraux solubles. Je me doutais bien que de tels traitements laissaient des résidus dans les fruits, ce que lectures et recherches subséquentes ont confirmé. Les

**Dans un ordre décroissant,
les 12 fruits et légumes les plus contaminés
par des pesticides au Canada**

Pêche, pomme, poivron, céleri, nectarine, fraise, cerise, poire, raisin importé, épinard, laitue et pomme de terre

Selon le Environmental Working Group, janvier 2007.

pommes industrielles sont contaminées en moyenne par quatre pesticides, alors que certaines vont jusqu'à receler des résidus de 10 pesticides[10]. En France, une enquête publiée en 2001 révélait que 50 % des fruits et des légumes analysés contenaient des résidus de pesticides[11]. Une association hollandaise, Stichting Natuur, a analysé 100 échantillons de raisins de table provenant d'Italie, de France et de Grèce. Les résultats indiquent que 70 % d'entre eux contenaient au moins un résidu de pesticide, que 35 % contenaient des résidus supérieurs à la norme et que 31 % contenaient des résidus de quatre pesticides ou plus[12]. En France, 20 % des pesticides employés le sont pour les vignobles qui ne représentent que 3 % des surfaces agricoles. Une étude de la Federal Drug Administration (FDA) des États-Unis réalisée en 1999 concluait que 38 % des céréales, 60 % des fruits et 29 % des légumes recelaient des résidus de pesticides[13]. De plus, les tests courants ne peuvent déceler qu'une partie des pesticides employés en agriculture. Les taux de contamination sont probablement plus élevés que ce que nous révèlent les analyses courantes, quand on daigne en faire. Cette contamination généralisée de nos aliments ne surprend pas lorsqu'on sait que nous répandons 2,5 millions de tonnes de pesticides par année sur la planète. Avec les aliments importés, les risques de contamination sont encore plus grands, car dans les pays en voie de développement, les normes sont moins sévères qu'en Occident et les produits qu'on y emploie, souvent bannis ici, sont encore plus toxiques. Citons entre autres les insecticides organochlorés comme le DDT, l'heptachlore, l'hexachlorobenzène, le lindane, l'aldrine et la dieldrine, qui se retrouvent dans les tissus adipeux, le lait maternel et le sang. Pourtant, faute de moyens, très peu d'analyses sont effectuées : « [...] moins de 1 % des fruits et des légumes importés subissent des tests de dépistage[14]. » Le 9 mai 2007, le journal *Le Devoir* révélait que le Canada, afin d'harmoniser sa réglementation avec celle des États-Unis, se montrera plus souple au sujet des résidus de pesticides. On y apprenait que « Le gouvernement fédéral envisage d'augmenter la limite acceptable des résidus de produits chimiques sur plusieurs centaines de fruits et de légumes vendus au Canada. » L'Agence de réglementation de la lutte antiparasitaire (ARLA) explique que ces changements sont dûs à la sévérité des normes canadiennes qui représentait un irritant dans les échanges commerciaux avec les États-Unis.

Or, il est prouvé qu'il existe un lien étroit entre les pesticides et plusieurs maladies de dégénérescence. On peut trouver de nombreuses informations sur les effets des pesticides sur la santé humaine dans le livre *Pesticides, le piège se referme* de François Veillerette. L'auteur relie les pesticides à différentes formes de cancer (estomac, prostate, vessie, cerveau, lymphome non hodgkinien), à la maladie de Parkinson, à la perturbation du système endocrinien, à la baisse de la fertilité masculine et à la suppression de la fonction immunitaire caractérisée par une hausse des cas d'allergies et d'asthme. Le cancérologue français, Dominique Bellepomme, estime que trois cancers sur quatre sont causés par des facteurs environnementaux.

Ce sont cependant les enfants qui sont le plus à risque. « Les enfants sont particulièrement vulnérables face aux menaces cancérogènes potentielles de certains pesticides[15]. » Enfin, les études n'évaluent jamais la synergie (effet cocktail) engendrée par la présence de plusieurs pesticides dans l'organisme. « Il a été démontré que les combinaisons de deux ou trois pesticides communément présents dans l'environnement peuvent avoir un impact beaucoup plus important que chaque pesticide pris individuellement[16]. »

Il importe donc de mettre en question l'emploi de quantités aussi importantes de poisons pour produire notre nourriture. Si au moins l'emploi de pesticides avait pu régler certains problèmes en agriculture ! Mais non ! « Depuis 50 ans, plus de 500 insectes, 230 maladies et 220 plantes adventices sont devenus résistants aux produits chimiques[17]. »

En Amérique du Nord seulement, le coût des pesticides appliqués sur les cultures atteignait en l'an 2000, 8,7 milliards de dollars. Lorsqu'on connaît les conséquences de l'emploi de ces poisons sur la santé humaine et celle de l'environnement, on est en droit de se demander pourquoi une telle situation perdure, surtout lorsqu'on sait que l'agriculture biologique, qui exclut l'emploi de ces substances toxiques, est aussi productive que l'agriculture industrielle[18] ! La réponse se trouverait-elle dans la course aux profits à laquelle se livrent les sociétés agrochimiques ?

Les pesticides dans notre corps

Tissu ou milieu physiologique	Pesticides trouvés	Pays concernés par les analyses
Lait maternel	DDT, DDE, HCH, aldrine, dieldrine, lindane, mirex, heptachlore, toxaphène, chlordane	Très nombreux pays y compris la France. Teneurs les plus élevées dans les pays du Sud et le Grand Nord canadien.
Graisses (tissus adipeux)	Les mêmes que dans le lait maternel	Même situation que pour le lait maternel
Sang	DDT, DDE, endrine, dieldrine, nonachlore, mirex, xychlordane	États-Unis, Allemagne
Urine	Pentachlorophénol, 2,4-D, malathion, méta-bolites des carbamates, des organophosphorés et des pyréthrinoïdes	États-Unis, Allemagne
Sperme	2,4-D	Canada
Liquide amniotique	DDT, DDE, HCH, hexachlorobenzène	États-Unis
Sang du cordon ombilical	DDT, DDE, endosulfan, hexachlorobenzène	États-Unis, Espagne
Méconium (premières selles du nouveau-né)	Lindane, DDT, chlorpyrifos, malathion, chlordane, organo-phosphorés	Australie, États-Unis

D'après Claude Aubert, *Les Quatre Saisons du Jardinage*, n° 134, mai 2002.

Les OGM et l'agriculture

En 1994, sont apparues dans les champs les premières plantes transgéniques ou plantes génétiquement modifiées (PGM), communément appelées OGM (organismes génétiquement modifiés). En 2007, ce sont 114 millions d'hectares qui ont été cultivés en PGM à la surface du globe, principalement du soya (57 %), du maïs (25 %), du coton (13 %) et du canola (5 %), mais aussi des courges, des papayes, de la luzerne et du riz. Ces cultures transgéniques sont principalement établies aux États-Unis, en Argentine, au Brésil, au Canada et, dans une moindre mesure, en Chine, en Inde et au Paraguay.

Une plante génétiquement modifiée est obtenue par transgénèse, soit par le greffage de gènes ou de fragments d'ADN provenant d'une autre espèce. Ces gènes s'intercalent au hasard dans les chromosomes des cellules de la plante réceptrice qui va croître en développant de nouveaux caractères que la nature ne lui a pas donnés. En se reproduisant, elle transmettra ces nouveaux caractères à ses descendants. La transgénèse ne respecte pas les règles de la reproduction sexuée ni de l'évolution naturelle des espèces, pas plus qu'elle ne tient compte des frontières naturelles entre les espèces. En somme, les PGM sont des plantes qu'on ne pourrait obtenir sans le concours des manipulations effectuées en laboratoire. Ce sont donc des plantes artificielles, entièrement créées par l'être humain.

L'essor considérable des PGM est dû au fait que, pour la première fois dans l'histoire de l'humanité, des sociétés peuvent breveter des gènes présents dans des végétaux (ce qui équivaut à un brevet sur des végétaux) pour lesquels ils exigent des redevances payables par les utilisateurs, en l'occurrence les agriculteurs. Les PGM constituent ainsi une source de  revenus très profitables pour les sociétés agrochimiques qui, pour assurer leurs revenus, privent par contrat les agriculteurs d'employer leurs grains ou leurs fèves comme semences. Ceux-ci doivent ainsi se réapprovisionner année après année auprès de leur fournisseur, ce qui confère à Monsanto, Syngenta, Du Pont de Nemours et Agrevo un contrôle accru sur la production alimentaire mondiale.

Plus de 70 % des PGM sont des végétaux adaptés à des herbicides qui, comme par hasard, sont produits et mis en marché par les mêmes sociétés qui développent et mettent en marché les PGM. En adaptant des végétaux aux herbicides qu'elles produisent, ces sociétés maintiennent en place un système de production qui repose sur l'emploi de pesticides, ce qui est tout à leur avantage. Les autres PGM sont des plantes qui sont programmées pour produire leur propre insecticide. Citons le maïs et le coton Bt, dont toutes les cellules produisent 24 heures sur 24 des toxines qui s'accumulent dans les sols et les cours d'eau.

La culture des PGM continue à croître en Amérique malgré une forte réticence des consommateurs, qui ne peuvent éviter d'ingérer ces plantes ou leurs sous-produits, faute d'un étiquetage adéquat. En Europe, où tout aliment contenant au-delà de 0,9 % d'OGM doit être identifié, la culture

Les rats n'aiment pas vraiment les OGM

Une autre étude remet en doute la présumée innocuité des OGM. Après le maïs OGM de Monsanto (le Mon863) voici que le maïs OGM NK603 fait l'objet de doutes quant à sa sécurité. Après avoir nourri des rats avec ce maïs OGM pendant 90 jours, une équipe de chercheurs en France a découvert 60 différences significatives par rapport aux rats nourris de maïs conventionnel, notamment au niveau des reins, du cerveau, du cœur, du foie et du poids des animaux. Ces différences pourraient être des signes avant-coureurs de toxicité. Ce maïs est autorisé au Canada depuis 2002.

Darier, Éric. *Carnets Greenpeace Canada*, 14 juin 2007.

des PGM est à toutes fins utiles nulle. Si l'étiquetage était implanté ici, le résultat serait similaire, car les consommateurs ne font pas confiance aux aliments transgéniques. Avec raison. Très peu d'études ont été réalisées sur leurs risques pour la santé. Lorsque des études sont menées, elles le sont par les compagnies productrices ou par des sociétés privées. Les résultats sont très rarement diffusés. Les quelques études indépendantes démontrent que la consommation de PGM accroît les problèmes d'allergies[19], augmente notre résistance aux antibiotiques[20] et mine le système immunitaire[21].

Heureusement, l'agriculture biologique ne permet pas l'emploi de plantes transgéniques. Conséquemment, en optant pour des aliments biologiques, on évite de consommer des OGM tout en réduisant sa contamination aux pesticides.

La vitalité des aliments

La qualité première d'un jardin écologique est sa biodiversité. Les matins ensoleillés d'été, le nombre d'insectes qui y pullulent surprend quiconque y déambule : syrphes et guêpes butinent les fleurs de sarrasin par milliers ; des papillons multicolores s'abreuvent du nectar des échinacées, des centaurées et des liatris ; des bourdons par centaines explorent les fleurs des

cucurbitacées alors que les abeilles chargent leurs corbeilles du pollen du trèfle blanc établi comme couvre-sol entre les légumes ; les coccinelles dévorent tous les pucerons et les acariens qu'elles débusquent ; sur les feuilles de choux fortement nervurées, des chrysopes aux ailes d'un vert lumineux chassent inlassablement les punaises ; les cigales dissimulées dans les herbes hautes sur le pourtour du jardin stridulent sans interruption. Un couple de moqueurs-chats se courtisent en entonnant tour à tour de joyeuses sérénades pendant qu'une bande de geais dardent l'air de leur cri strident. Les crapauds coassent à s'en fendre la gorge. Les racines bien ancrées dans une terre grumeleuse et vivante, d'innombrables plantes déploient leurs feuilles de toutes formes et de toutes couleurs de façon à profiter au mieux des photons solaires.

Le jardin écologique est un jardin vivant, chargé de vitalité. Les milliards de milliards de micro-organismes qui évoluent dans la terre transmettent aux fruits, aux légumes et aux herbes cette force vitale qu'ils nous communiquent lorsqu'on s'en nourrit. C'est un peu cette qualité qu'on savoure lorsqu'on croque dans une carotte fraîchement extirpée de terre ou dans une laitue récoltée tout juste avant le repas. La vitalité d'un aliment biologique se goûte et le distingue nettement d'un aliment issu d'une production industrielle. Cependant, la vitalité ne figure pas parmi les critères de qualité de la diététique moderne. Pourtant, elle est fondamentale au dynamisme de tout être vivant, à sa santé, à son immunité et à sa fécondité.

Cette vitalité, qui peut paraître abstraite pour certains, se mesure de diverses manières. Citons la cristallisation sensible qui consiste à diluer une substance vivante (par exemple un échantillon de sang, de carotte ou de laitue) dans de l'eau, puis d'y ajouter une solution de cuivre; on obtient, lorsque l'eau s'évapore au bout d'une dizaine d'heures, une image. Cette image donne le portrait de la vitalité du produit. «[...] lorsque le produit est frais, en santé comme une laitue qu'on vient de cueillir dans son jardin, l'image se construit habituellement à partir d'un point décentré qui se projette en une double vacuole faite d'une série de stries plus ou moins arrondies et rayonnantes. Moins il est frais — plus la laitue se dégrade — plus l'image présentera des rosettes et des croix de forme irrégulière[22].» En comparant une peau de pomme cultivée biologiquement et une peau de pomme cultivée chimiquement, on remarque que l'image créée par la peau de la pomme biologique est régulière et bien formée tandis que celle que produit la peau de la pomme cultivée chimiquement est irrégulière et chaotique. Des études analogues conduites par des chercheurs de l'Institut de recherche sur l'Agriculture biologique de Frick, en Suisse, ont démontré que l'indice de vitalité de pommes biologiques était de 65,7 % plus élevé que celui de pommes industrielles.

On peut aussi évaluer la vitalité d'un aliment par la mesure de son taux de germination. Si on fait tremper des grains de blé dans l'eau pendant 24 heures et qu'on les égoutte, la radicule fera son apparition de 24 à 36 heures plus tard. Le grain germe. Le blé est vivant, sa vitalité bien réelle. Reprenons l'expérience avec la même céréale, mais cette fois transformée, par exemple du blé soufflé. Un son familier sera perçu lors de son contact avec l'eau, puis après, plus rien… La céréale est morte, sa vitalité nulle. La qualité biologique des céréales est souvent évaluée par un test de germination. Les céréales biologiques doivent détenir un taux de germination élevé, ce qui n'est pas le cas des céréales industrielles. La repousse végétative des carottes, des betteraves ou des pommes de terre conservées dans une chambre froide indique une vitalité entière.

On peut aussi mesurer la vitalité d'un aliment à sa conservation. Les aliments biologiques se conservent généralement bien. Les aliments issus de l'agriculture industrielle montrent souvent des problèmes de conservation. C'est pourquoi, pour freiner leur détérioration, on a de plus en plus recours à des traitements comme l'irradiation, la fumigation ou le cirage.

Les pommes commerciales, après leur récolte, sont trempées dans un mélange fongicide, puis baignées dans une solution de chlore, nettoyées avec un détergent, puis polies à l'aide d'une cire. Cette cire est composée de paraffine, de laques, de résine de synthèse et de dérivés d'huile de palme, tous des ingrédients qu'on retrouve dans les cires à plancher et les cires pour auto. Parfois on y ajoute un fongicide. Ces traitements sont nécessaires pour la conservation des fruits. Cependant, des pommes biologiques de conservation peuvent facilement, dans de bonnes conditions, se garder jusqu'en avril et en mai sans aucun traitement. À l'Institut de recherche de Darmstadt, en Allemagne, des biodynamistes ont observé que des épinards industriels avaient, après huit jours de conservation à 12 °C, un aspect pitoyable. Ils comptaient 22 mg de nitrites par 100 g de matière sèche et leur vitamine C avait disparu. Les épinards biologiques ne contenaient que de 0,5 à 7,6 mg de nitrites par 100 g et ils renfermaient encore des taux non négligeables de vitamine C. Leur teneur en vitamine A était restée stable. Les feuilles étaient encore belles[23]. Cet avantage marqué des aliments biologiques est dû à leur plus grande teneur en matière sèche ainsi qu'à leur plus grande vitalité.

La vitalité, cette qualité fondamentale de tout organisme vivant, ne figure pas parmi les critères de qualité des aliments modernes, parce que la vitalité ne se marchande pas. Elle ne joue pas sur le poids ou le volume de l'aliment. Mais pour l'être humain que nous sommes, cette vitalité est fondamentale. Elle nourrit la vie qui nous anime.

La triste histoire
d'une quiche industrielle aux épinards

La pâte

Les grains de blé ont été enrobés d'un fongicide avant le semis. Durant sa culture, la céréale a reçu entre deux et six traitements de pesticides, un traitement aux hormones afin de raccourcir sa tige pour prévenir la verse et une dose massive d'engrais de synthèse comprenant 240 kg d'azote, 100 kg de phosphore et 100 kg de potassium à l'hectare, en n'oubliant pas que, de plus en plus, on applique sur les terres agricoles des boues de papetières, des boues d'abattoirs et des boues municipales.

Une fois récoltés, les grains ont été fumigés au tétrachlorure de carbone et au bisulfide de carbone, puis vaporisés de chlorpyriphosméthyl. Pendant la mouture, la farine reçoit du chlorure de nitrosyle, puis on lui ajoute de l'acide ascorbique, de la farine de fève et de gluten et de l'amylase.

L'huile issue de canola transgénique produit à grand renfort d'engrais de synthèse et d'herbicide a été extraite à l'aide d'acétone, un solvant, puis raffinée à l'acide sulfurique, lavée à chaud, traitée à la lessive de soude, décolorée au bioxyde de chlore, puis désodorisée avec du chlorure de zinc avant d'être recolorée à la curcumine.

La poudre à lever est traitée au silicate de calcium, puis on lui ajoute de l'alun, un composé à base d'aluminium.

La garniture

Les œufs proviennent d'un élevage industriel où les poules fortement hybridées sont nourries avec une moulée de ponte contenant des grains produits de manière industrielle, issus de plus en plus de soya et de maïs transgéniques produits à l'aide d'engrais solubles ou de lisier de porc et traités à l'herbicide. On y ajoute de l'alginate de calcium, un émulsifiant, de l'acide formique, un agent de conservation, de la capsanthéine, un colorant, du lignosulfate, un agent liant, et du glutamate de sodium, un appétant pour motiver la volaille à dévorer cette mixture. Durant leur très court cycle de vie, les poules sont systématiquement traitées aux antibiotiques et aux anticoccidiens.

Le lait provient d'un élevage industriel où les vaches sont nourries de grains transgéniques produits avec des engrais de synthèse et du lisier, vaporisés durant leur croissance avec des herbicides. On ajoute dans la moulée du flavophospholipol ou du monensin-sodium, des antibiotiques, de l'ascorbate de sodium, de l'alpha-tocophérol de synthèse, du buthyl-hydrox-toluène ou de l'ethoxyquine, des antioxydants, de l'alginate de propylène-glycol ou du polyéthylène glycol, des émulsifiants, de l'acide acétique, tartrique ou proprionique comme agents de conservation, du stéarate de sodium comme agent liant, des colorants et finalement du glutamate de sodium pour le goût.

Les épinards ont été fertilisés chimiquement avec 120 kg d'azote, 150 kg de phosphore et de potassium à l'hectare. Les cultures ont été traitées avec des pesticides dont l'endosulfan, le méthomyl, le méthamidophos, le diméthoate et, dans le cas des épinards importés, le DDT. Soulignons que l'épinard est classé parmi les 12 fruits et légumes recelant le plus de résidus de pesticides.

Bon appétit !

Inspiré de *Histoire chimique d'une tarte aux cerises*, de Claude Bourguignon, agronome français.

Les règles de base d'une alimentation saine

Pour peu qu'on s'intéresse à l'alimentation moderne, on constate que l'orientation prise par l'industrie depuis quelques décennies sert davantage ses intérêts que ceux des consommateurs. La course aux profits constitue le véritable enjeu de cet important secteur économique dont la valeur est fixée davantage par les titres de la Bourse que par la santé des humains.

Pourtant, il est toujours possible de vivre en excellente santé, du moment qu'on s'y applique. En cette ère des communications, l'information alimentaire circule plus que jamais. Les lois de la nutrition et les règles de la diététique sont connues et disponibles. Il s'agit de s'informer et surtout de sélectionner judicieusement ses sources d'information.

La plupart des spécialistes de l'alimentation saine s'entendent sur les règles de base d'une alimentation de qualité, règles auxquelles je souscris.

Voici les principales.

Éviter les aliments contenant des additifs alimentaires

Les colorants, agents de conservation, stabilisateurs et autres additifs ne sont ajoutés aux aliments que pour servir les fins de mise en marché de l'industrie. La plupart portent préjudice à notre santé. Ils peuvent cependant être facilement évités, car la loi oblige les fabricants à indiquer leur présence sur l'emballage du produit.

Privilégier les aliments entiers

Au cours de leur transformation, les aliments perdent leur vitalité ainsi qu'une grande partie de leurs éléments nutritifs. Par exemple, comme le démontre le prochain tableau, le riz s'appauvrit en protéines, en minéraux et en vitamines lors de son raffinage.

Valeur nutritive du riz complet comparé à celle du riz blanc

	Composition du riz complet par 100 g	Composition du riz blanc par 100 g	Teneur par rapport au riz complet
Protéines	7,5 mg	6,7 mg	90 %
Minéraux			
Calcium	32 mg	24 mg	75 %
Phosphore	221 mg	94 mg	43 %
Fer	1,6 mg	0,8 mg	50 %
Potassium	214 mg	92 mg	43 %
Sodium	9 mg	5 mg	56 %
Vitamines			
Thiamine	0,34 mg	0,07 mg	21 %
Riboflavine	0,05 mg	0,03 mg	60 %
Niacine	4,7 mg	1,6 mg	34 %

D'après Moore Lappé, Frances. *Sans viande et sans regrets*. 1976.

Réduire la consommation de gras saturés et de gras trans

Il est maintenant reconnu que la consommation excessive de gras saturés et de gras trans cause des problèmes d'ordre cardiovasculaire. De plus, il a été démontré que les matières grasses contiennent davantage de résidus de pesticides, dont une bonne quantité se loge et se concentre dans les tissus adipeux.

On trouve les gras saturés dans la viande, les produits laitiers et les huiles de palme et de coco, et les gras trans dans les produits hydrogénés comme la margarine, les shortenings végétaux et plusieurs produits transformés utilisant ces derniers.

Consommer des produits locaux

On peut trouver dans notre environnement immédiat tous les aliments nécessaires à un régime complet et équilibré ainsi qu'à une table raffinée et diversifiée. Le blé, le seigle, le sarrasin, l'orge, l'avoine, certaines noix et graines, les légumineuses, les légumes, les petits fruits, les pommes, les poires, les œufs et les produits laitiers font partie de la panoplie d'aliments adaptés à nos conditions climatiques et à nos besoins physiologiques. Par contre, les produits tropicaux comme le café, le chocolat, les agrumes, les bananes, les mangues et les ananas ne correspondent pas vraiment aux besoins de notre organisme. Ils ne devraient donc être consommés que ponctuellement.

Consommer des aliments biologiques

Consommer des aliments de qualité biologique constitue un choix majeur pour la santé. Manger « bio » constitue aujourd'hui la meilleure façon de consommer des aliments équilibrés chimiquement, bien pourvus en minéraux, vitamines, oligo-éléments et substances bioactives, moins contaminés par des pesticides chimiques et exempts de gènes étrangers. Des analyses réalisées en France pour le compte de la revue Terre Vivante révèlent qu'une mère qui consomme 80 % d'aliments biologiques ou plus dans son alimentation aura une présence trois fois moins grande de résidus de pesticides organochlorés dans son lait qu'une mère qui en consommerait moins de 40 %[24].

Suivre les rythmes saisonniers

Lorsqu'on porte attention à son métabolisme, on perçoit très bien les transformations biochimiques qui s'y opèrent lors du réchauffement printanier ou des premiers froids d'automne. Les besoins alimentaires changent avec les saisons.

La présence à l'année dans les supermarchés d'un éventail complet de fruits et de légumes est un fait récent. Cette offre alimentaire gargantuesque repose sur l'importation, avec tous les inconvénients que cela implique : récolte avant maturité, entreposage prolongé, choix de cultivars résistants au transport, traitement des aliments pour assurer leur conservation et présence de résidus de pesticides dont on ne permet pas l'emploi ici à cause de leur trop forte toxicité et de leur rémanence.

Rien ne vaut, sur le plan nutritif et gustatif, un fruit ou un légume récolté à sa pleine maturité et dégusté dans les heures qui suivent. Jamais je ne me laisse tenter par du maïs en mai, par des asperges en décembre ou des fraises en janvier. J'attends toujours que les fruits et les légumes que je cultive soient à point pour me les offrir. La récolte devient alors la plus belle récompense du jardinier.

Manger au rythme des saisons, c'est s'offrir une alimentation de qualité optimale. C'est aussi redécouvrir une gastronomie à part entière. Suivre le rythme saisonnier élimine la routine et l'ennui du menu. Le festin devient habitude. Pour le jardinier, cette règle s'inscrit à merveille dans un mode de vie qui lui est propre.

1. Veillerette, François. *Pesticides, le piège se referme.* 2002, p. 16.

2. Aubert, Claude. *L'agriculture biologique.* 1977, p. 140.

3. Idem. p. 141.

4. Idem. p. 64.

5. Damsker, Matt. "Amazing Trace", *Organic Gardening*, novembre 1988, p. 41.

6. Mozafar, A. Rubrique "New Ground", *Organic Gardening*, septembre 1996, p. 18.

7. Étude de l'Agence française pour la sécurité et pour l'alimentation, et étude danoise de Grinder-Petersen, L. et al., 2003.

8. Grinder-Petersen, L. et al., 2003. Cité par Claude Aubert dans « Manger bio protège-t-il du cancer ? », *Les Quatre Saisons du jardinage,* n° 150, janvier-février 2005, p. 72.

9. Étude menée par le ministère de l'Alimentation du Danemark et l'Université royale d'Agriculture. Source : IFOAM, octobre 2003.

10. Meadows, Donella H. "Our food, our future", *Organic Gardening*, sept. 2000, p. 56.

11. Veillerette, François. Pesticides, *le piège se referme*. 2002, p. 24.

12. Idem. p. 34.

13. Meadows, Donella H. "Our food, our future", *Organic Gardening*, sept. 2000, p. 56.

14. Brière, Julie. « Les fraises remportent la palme », *Protégez-Vous*, août 1996, p. 18.

15. Veillerette, François. *Pesticides, le piège se referme*. 2002, p. 82.

16. Steve F. et al. "Synergistic activation of estrogen receptor with combination of environmental chemicals", Science 272 : 1489. 1996.

17. Meadows, Donella H. "Our food, our future", *Organic Gardening*, sept. 2000, p. 58.

18. Des essais en champs d'une durée de 22 ans conduits par David Pimentel ont démontré que la productivité du maïs et du soya était équivalente en mode biologique et en mode industriel ; cependant, la production biologique requérait 30 % de moins d'énergie, moins d'eau et aucun pesticide. Bioscience, Vol. 55 : 7. Une autre étude conduite par des chercheurs de l'Université d'Essex, Jules Pretty et Rachel Hine, sur 200 projets dans des pays en voie de développement qui totalisaient neuf millions de fermes concluait que le rendement augmentait en moyenne de 93 % avec la culture biologique.

19. Des chercheurs australiens ont découvert que des souris nourries avec des pois transgéniques avaient développé des anticorps marqueurs d'une réaction allergique. Prescott, Vanessa et al., *Journal of Agriculture and Food Chemistry*, 2005, p. 9023.

20. Ce phénomène est dû à la présence de gènes marqueurs permettant d'identifier le gène d'intérêt. Or, ces gènes sont des gènes de résistance à des antibiotiques.

21. Le docteur Putzai, du Rowlands Research Institute d'Écosse, a démontré que le fait de nourrir des rats avec des pommes de terre génétiquement modifiées endommageait les organes de ces rongeurs, en plus d'hypothéquer leur système immunitaire. Putzai, Arpad. Report of project coordinator on data produced at the Rowlands Research Institute.

22. Bélair, Michel. « La cristallisation sensible », *Humus,* n° 26, p. 33, 1989.

23. Notes-Jardin, *Les Quatre Saisons du Jardinage*, n° 82, septembre 1993, p. 16.

24. Aubert, Claude. « Pollution du lait maternel : Une enquête de Terre Vivante », *Les Quatre Saisons du Jardinage*, n° 42, janvier 1987, p. 37.

Chapitre 2

L'agriculture et l'environnement

Il serait utopique de croire que, à la manière des chrysalides, nous puissions nous tisser un cocon, nous y installer pour y vivre en paix et en santé, à l'abri de la pollution. Bien sûr, il est possible d'améliorer sa qualité de vie en choisissant de vivre dans un milieu où l'eau, la terre et l'air sont moins contaminés. Mais la pollution ne connaît pas de frontières !

Les anhydrides sulfureux produits par les centrales thermiques du Mid-West américain se retrouvent dans notre eau de pluie, les résidus des insecticides organochlorés employés pour contrôler les ravageurs dans les champs mexicains corrompent la neige arctique, les gènes étrangers contenus dans le pollen des plantes transgéniques contaminent les cultures biologiques, les résidus d'atrazine utilisée pour contrôler les plantes adventices dans les cultures de maïs migrent dans les nappes d'eau souterraines ainsi que dans les cours d'eau. Nous habitons tous la même terre et nous sommes liés par nos faits et gestes. Nous sommes collectivement responsables de notre environnement.

L'agriculture, telle qu'elle est pratiquée depuis un demi-siècle, constitue la principale source de pollution de la planète, avant l'industrie. L'agriculture détient aussi une part importante de responsabilité dans l'effet de serre et les changements climatiques. Il est prouvé que les gènes étrangers présents dans les cultures transgéniques contaminent l'environnement tout comme le font les pesticides. Et il ne faut pas oublier la pollution engendrée par les engrais de synthèse et les fumiers animaux.

Les engrais de synthèse et les fumiers animaux

Les engrais de synthèse et les lisiers liquides, à cause de leur forte solubilité, polluent les nappes d'eau souterraines et les cours d'eau. Ces fertilisants agricoles recèlent une forte teneur en nitrates et en phosphates que les végétaux n'utilisent qu'à un taux de 50 %. L'autre 50 % se répand dans la nature. Une partie de ces substances fertilisantes percolent vers les eaux souterraines où elles vont demeurer pour de très longues périodes. « Aux États-Unis, dans les zones agricoles, 22 % des puits contiennent des taux de nitrates supérieurs aux normes fédérales[1]. » L'autre partie de l'azote et du phosphore est entraînée par ruissellement vers les fossés agricoles, puis vers les ruisseaux, les rivières et les lacs où elle favorise la prolifération d'algues, ce qui peut conduire à leur eutrophisation. Durant l'été 2007, selon l'organisme environnemental Eau Secours, un total de 191 lacs et cours d'eau ont été contaminés par des cyanobactéries au Québec.

Les engrais de synthèse recèlent également des métaux lourds, tels que l'arsenic, le cadmium, le chrome, le cobalt et le plomb. Ces éléments s'accumulent dans les sols et les plans d'eau, contaminant par la suite nos aliments et notre eau potable. « *Tabi* et *al.* ont montré dans cette étude qu'environ 10 % des surfaces cultivées en monoculture et avec d'importantes doses d'engrais et de chaux présentaient des hausses sensibles de leurs teneurs en cadmium, chrome et plomb[2]. » Or, il est reconnu que les métaux lourds sont préjudiciables à la santé humaine, même à faible dose.

Les pesticides et l'environnement

Nous avons abordé dans le chapitre précédent les risques que comportent pour notre santé les résidus de pesticides dans les aliments. Mais les conséquences de l'emploi de ces poisons ne s'arrêtent pas à notre assiette : durant et après leur application, ils contaminent l'air, le sol et l'eau, et y demeurent pour de longues périodes. « Les répercussions de ces substances se font sentir dans la nature prise dans son ensemble, du sol à l'homme. En fait l'abus des pesticides conduit à un empoisonnement véritable des biocénoses naturelles ou artificielles, dont on commence à peine à mesurer les conséquences[3]. » On retrouvait encore des traces de DDT 30 ans après son interdiction en Amérique du Nord. Cet insecticide conserve 39 % de son pouvoir 17 ans après son utilisation[4]. On a retrouvé les résidus de 39 pesticides et leurs produits de dégradation dans les eaux de plusieurs nappes phréatiques aux États-Unis et au Canada[5]. Même le glyphosate, l'ingrédient actif du Roundup que Monsanto, son fabricant, qualifie de biodégradable, se retrouve dans l'environnement après son application. « Une récente étude du programme Bretagne Eau Pure a montré que sur surface imperméable ou semi-perméable, le glyphosate était retrouvé jusqu'à six mois après dans les eaux de ruissellement[6]. »

Au Québec, le ministère responsable de l'environnement tient depuis 1992 des campagnes d'échantillonnage des cours d'eau. De 1992 à 1995, des pesticides ont été détectés dans toutes les rivières étudiées. De 1996 à 1998, on a observé dans tous les échantillons la présence d'atrazine, un herbicide employé dans les cultures de maïs qu'on soupçonne de causer le

cancer et de perturber le système endocrinien. On le croit aussi responsable du déclin du chevalier cuivré, un poisson propre aux rivières Richelieu et Yamaska. En France, 50 % des aliments, 90 % des eaux de surface et 58 % des eaux profondes contiennent des résidus de pesticides[7].

Graduellement, sous l'action des bactéries, les pesticides se dégradent. Mais les sous-produits issus de cette dégradation peuvent s'allier entre eux pour former de nouveaux composés tout aussi toxiques. Une équipe de chercheurs anglais dirigée par le docteur Vyvyan Howard a mis en évidence des synergies entre les résidus de plusieurs pesticides qui multipliaient par 10 la toxicité des produits pris isolément. Avec les 400 principes actifs utilisés au Canada dans la fabrication des 7 000 pesticides chimiques autorisés, les possibilités de synergie sont pratiquement illimitées.

On constate depuis longtemps que la lutte chimique aux ravageurs et aux maladies ne règle aucunement les problèmes de parasitisme. Cette approche a plutôt eu l'effet inverse. On utilise aujourd'hui à l'échelle planétaire 12 fois plus d'insecticides qu'en 1945, soit 2,5 millions de tonnes par année. Cet échec est dû tout d'abord à la non-sélectivité des insecticides chimiques : lorsqu'on vaporise un insecticide dans un champ, on ne détruit pas que le ravageur visé, mais également ses prédateurs, ce qui ouvre la voie à de nouvelles infestations. L'utilisation de parathion dans l'État de New York a, par exemple, «entraîné la disparition de 22 des 27 espèces de prédateurs et de parasites des insectes ravageurs du chou[8].» De plus, les insectes acquièrent rapidement une résistance aux insecticides chimiques. Ceux qui ont développé une résistance à au moins un insecticide sont passés de sept espèces en 1947, à 200 en 1965 et à 447 en 1987. Certains entomologistes estiment que ce nombre a dépassé le cap des 600. Un nombre croissant d'espèces résistent maintenant à tous les insecticides. Pour contrôler la larve de la noctuelle verdoyante, on a dû utiliser une succession de 10 insecticides. De nombreuses plantes survivent maintenant à des herbicides, dont le chénopode blanc, la petite herbe à poux et l'amarante réfléchie qui ont acquis une résistance à l'atrazine.

Les OGM et l'environnement

En développant les plantes transgéniques, les sociétés agrochimiques ont introduit dans l'environnement une pollution vivante qui dispose de la capacité de se reproduire sans fin. En effet, les gènes étrangers présents dans les PGM (plantes génétiquement modifiées) se retrouvent dans leur pollen qui fécondera les ovules d'autres plantes, transgéniques ou non transgéniques, des plantes d'espèces similaires ainsi que des plantes cultivées ou indigènes parentes. Ainsi, le pollen du maïs Bt, un maïs qui produit son propre insecticide, peut être transporté par le vent sur plus de 3 km, fécondant ainsi les ovules de plants de maïs situés jusqu'à cette distance. Le pollen, recelant la toxine Bt, létale pour les larves de papillon, empoisonnera sans distinction toutes les larves qui en consommeront une fois qu'il se sera déposé sur les plantes du voisinage. «Il faut savoir que le pollen, disséminé par le vent, se dépose sur la végétation qui pousse autour des champs de maïs, dont l'asclépiade, une plante sauvage qui est l'unique source de nourriture des larves de monarque[9].» Or, les larves de monarque périssent 48 heures après en avoir consommé. D'autres insectes ou membres de la faune y succomberont également, ce qui minera davantage une bio-diversité déjà sévèrement affectée par une agriculture industrialisante. «On sait que la toxine Bt a des incidences directes ou indirectes sur d'autres formes de vie : les abeilles, plusieurs ennemis naturels de la pyrale, les parulines bleues et les souris[10]. »

Les 300 cultivars de maïs recensés au Mexique, le berceau de cette céréale, sont maintenant menacés par la contamination de gènes étrangers

issus du maïs transgénique américain. La Commission de coopération environnementale de l'ALÉNA a publié un rapport détaillé en 2004 qui confirmait la contamination du maïs mexicain par des OGM.

Enfin, il faut savoir que « la toxine insecticide que sécrète le maïs génétiquement modifié suinte dans le sol environnant, s'y fixe pendant des mois et, en laboratoire, reste mortelle pour les insectes ravageurs pendant 25 jours, avec le risque de détruire d'autres insectes[11]. »

Le pollen du canola transgénique voyage quant à lui plus de 1 km, fécondant ainsi d'autres plants de canola, le rutabaga en fleurs ou d'autres brassicacées indigènes sexuellement compatibles. En Grande-Bretagne, sur un site d'essai de culture d'un canola résistant à un herbicide de Bayer Crop Science, on a découvert qu'une moutarde indigène courante en Europe (*Sinapis arvensis*), contenait le gène artificiellement inséré dans le canola et qu'elle était devenue tolérante à l'herbicide. Le radis sauvage peut également acquérir le gène de résistance à l'herbicide par contamination génétique. Par ailleurs, une étude de la Société royale de Grande-Bretagne révélait que les semences de canola transgénique pouvaient survivre jusqu'à 15 ans dans les sols.

Les sociétés agrochimiques tirent avantage de cette pollution rampante qu'elles tentent d'encourager afin que la transgénèse devienne un fait accompli, sans possibilité de retour en arrière. Comme les lois américaines et canadiennes permettent maintenant de breveter les gènes contenus dans les OGM, il suffit qu'une plante contienne l'un de ces gènes pour que l'utilisateur de la plante doive acquitter les redevances prescrites par la compagnie détentrice du brevet (voir à la page suivante le texte intitulé « Le cas Percy Schmeiser »).

Doit-on craindre que la dissémination d'OGM vers les espèces indigènes fasse que les espèces sauvages qui contiendront les gènes brevetés tomberont sous le coup du brevet des sociétés agrochimiques, une réalité qui permettrait à celles-ci d'étendre leur pouvoir sur le monde vivant ?

Plus de 70 % des plantes transgéniques sont développées pour leur adaptation à des herbicides. Leur culture devient alors liée à l'emploi systématique de ces poisons. Un avantage sans équivoque pour Monsanto et compagnie, qui voient consacré l'emploi des herbicides. De plus, les quantités d'herbicides appliquées sont accrues à cause de la résistance

Le cas
Percy Schmeiser

Percy Schmeiser est un agriculteur de 70 ans de la Saskatchewan. Au fil des ans, il a développé par sélection un cultivar de canola local dont il conserve les semences chaque année.

En 1997, en effectuant un entretien de routine au Roundup sur le pourtour de ses champs, il a constaté que plusieurs plants résistaient au traitement. Le gène de résistance à l'herbicide s'était probablement transmis à son canola par le pollen de cultivars voisins transporté par le vent ou par les insectes.

En 1998, un représentant de la société Monsanto l'informa que la société détenait des preuves qu'il cultivait un cultivar de canola dont elle détenait les droits. Elle lui intima de payer immédiatement les redevances prescrites, ordre que Schmeiser rejeta. Comme il n'utilisait pas de Roundup dans ses cultures mais seulement sur le pourtour de ses champs et qu'il ne revendait pas le canola récolté comme semences, il répondit qu'il n'avait pas à payer de redevances à Monsanto, car il n'avait pas profité du caractère de résistance à l'herbicide. La multinationale intenta alors une poursuite contre l'agriculteur.

En mars 2001, le juge Mackay de la Cour fédérale du Canada rendit un jugement favorable à Monsanto. Il déclara « qu'il était fort probable que Schmeiser avait agi sans l'autorisation de Monsanto et qu'il savait ou qu'il aurait dû savoir qu'il avait du canola génétiquement modifié sur ses terres. »

Schmeiser fut condamné à payer les droits d'utilisation de 15 $/l'acre ainsi qu'une amende de 25 000 $.

Ce jugement signifie que les agriculteurs dont les cultures ont été contaminées par des semences génétiquement modifiées sous brevet perdent tout droit sur leur récolte ainsi que celui de conserver leurs propres semences.

Se considérant comme victime d'une injustice, Schmeiser ne s'avoue pas vaincu. Malgré des frais judiciaires atteignant 200 000 $, il s'est tourné vers la Cour suprême du Canada.

En mai 2004, dans un jugement controversé à cinq juges contre quatre, la cour a donné raison à Monsanto.

Par ce verdict, la cour a reconnu qu'une société peut détenir un brevet sur un gène présent dans une plante, mais non sur la plante elle-même. Ainsi, il reconnaît le droit de breveter la vie, puisque la propriété d'un gène présent dans une plante équivaut, dans les faits, à la propriété d'une plante.

Le jugement a également confirmé que la culture d'une plante recelant un gène breveté est soumise à des droits d'utilisation.

Après avoir entendu l'implacable verdict, Percy Schmeiser a fondu en larmes. Sa vie d'agriculteur était détruite.

Aujourd'hui, Percy Schmeiser parcourt la planète pour donner des conférences sur les OGM et le brevetage du vivant. Il a intenté une poursuite contre Monsanto qu'il veut tenir responsable de la contamination de son canola traditionnel.

que développent certaines plantes adventices. «En Argentine, trois applications de Roundup sont nécessaires, au lieu d'une auparavant, et les premiers cas de résistance au produit sont apparus au Canada[12].»

La culture de plantes transgéniques à grande échelle et l'emploi d'un milliard de kilos de pesticides par année pour la production de notre nourriture sont-ils vraiment nécessaires? La dépendance de l'agriculture à l'industrie agrochimique ne semble aucunement justifiée lorsqu'on sait que l'agriculture biologique permettrait une production alimentaire suffisante pour nourrir l'humanité entière.

Seules les sociétés transnationales qui produisent et commercialisent les plantes transgéniques, les engrais et les pesticides de synthèse tirent profit d'une agriculture industrialisante et polluante. Le temps n'est-il pas venu de réévaluer leur implication dans une activité aussi névralgique pour notre survie?

1. Meadows, Donella H. "Our food, our future", *Organic Gardening*, septembre 2000, p. 57.

2. Francœur, Louis-Gilles. «L'Europe s'attaquera à la dégradation des sols», *Le Devoir*, 27 mai 2002.

3. Dorst, Jean. *La nature dé-naturée*. 1965, p. 108.

4. Nash et Woolson. 1967.

5. Martin, Kelly. «Les pesticides et la santé», *Bio-Bulle*, n° 22, septembre 1999, p. 22.

6- Laurent, Mikael. «Pesticides jardin : Emploi autorisé», *Les Quatre Saisons du Jardinage*, n° 128, mai-juin 2001, p. 66.

7. Aubert, Claude. «Eau polluée, eau gaspillée : L'agriculture au banc des accusés», *Les Quatre Saisons du Jardinage*, n° 141, juillet-août 2003, p. 56.

8. Ouellet, Marie-Claude. «Les pesticides chimiques : Une bombe à retardement», *Humus*, n° 7, p. 28.

9. Cuerrier, Alain. «Maïs Bt : Brillante trouvaille ou bricolage toxique?», *Quatre-Temps*, juin 2002, p. 4.

10. Idem.

11. *Revue Nature*, Décembre 2000.

12- Prat, Frédéric. «OGM : Où en sommes-nous?», *Les Quatre Saisons du Jardinage*, n° 133, mars-avril 2002, p. 62.

Chapitre 3

L'agriculture et les changements climatiques

Paris, fin janvier 2007. Le Groupe intergouvernemental sur l'évolution du climat (GIEC) formé par les Nations Unies présente un rapport synthèse qui confirme la responsabilité de l'activité humaine dans les changements climatiques. Le groupe de scientifiques prévient que les températures pourraient s'élever de 5 °C d'ici la fin du siècle.

Cela entraînerait de sérieux problèmes environnementaux, dont la fonte des glaces polaires qui causerait une hausse du niveau de la mer pouvant atteindre 95 cm, l'augmentation des sécheresses et des feux de forêt, la modification du régime des pluies, l'accroissement des infestations d'insectes et de maladies, pour n'en nommer que quelques-uns.

Une fois son travail de synthèse complété, le GIEC a conclu que la responsabilité du climat incombait dorénavant aux décideurs politiques et économiques de la planète, principalement ceux des pays développés. Comme les politiciens et les gens d'affaires considèrent que les mesures à prendre sont contreproductives sur le plan économique, ils sont réticents à agir. La pression et l'implication des citoyens deviennent essentielles à une amorce de diminution des émissions de gaz à effet de serre (GES) dans l'atmosphère.

Les causes des changements climatiques

Au Québec, les GES proviennent de trois sources principales : 77,9 % du gaz carbonique ou dioxyde de carbone (CO_2), 11,3 % du méthane (CH_4) et 7 % du protoxyde d'azote (N_2O).

Le gaz carbonique est produit principalement par la combustion d'énergie fossile, soit le pétrole, le gaz naturel et le charbon, alors que le méthane et le protoxyde d'azote proviennent de diverses sources.

Au Québec, l'agriculture produit 61 % des émissions de protoxyde d'azote et 38 % des émissions de méthane. Le protoxyde d'azote est produit à 25 % par les fumiers et à 75 % par les engrais azotés. Le méthane est produit à parts égales par la fermentation anaérobie des fumiers liquides en fosses et par la digestion des animaux ruminants, dont les vaches, les bœufs, les moutons et les chèvres[1]. Or, ces gaz contribuent davantage que le gaz carbonique à l'effet de serre : 1 kilo de méthane équivaut à 21 kg de CO_2, et 1 kilo de protoxyde d'azote équivaut à 310 kg de CO_2.

On attribue à 9,4 % la part de l'agriculture québécoise dans l'émission des gaz à effet de serre, dont seulement 1 % en gaz carbonique. On ne tient pas compte de l'utilisation du carburant fossile par les tracteurs et autres machineries agricoles, une dépense comptabilisée dans la catégorie transport. On ne comptabilise pas non plus l'énergie employée pour produire les pesticides et les engrais (il faut 1,4 tonne d'équivalent pétrole pour produire une tonne d'engrais azoté) ni pour le transport des aliments, qui parcourent en moyenne entre 2 500 et 4 000 km avant de se retrouver dans notre assiette[2]. Le bilan énergétique du secteur agroalimentaire québécois est en réalité beaucoup moins reluisant qu'il n'y paraît.

En France, on attribue une part plus importante à l'agriculture dans les émissions de GES. Claude Aubert, un agronome français réputé, évalue qu'en France, le contenu de l'assiette est responsable de 30 % de la totalité des GES, soit 2,5 fois plus que le parc automobile[3].

Prévenir les changements climatiques

La prévention des changements climatiques repose sur une diminution de notre consommation d'énergie. Des pressions musclées sur nos décideurs politiques et économiques sont nécessaires à l'adoption de mesures efficaces de réduction des GES par les citoyens et l'industrie, au développement accéléré d'un transport en commun performant et à la mise en place de mesures fiscales qui encourageront une consommation responsable.

Les gestes que posent les citoyens revêtent tout autant d'importance. Voici quelques actions qui font une différence.

Consommer des aliments biologiques

En comparaison avec l'agriculture industrielle, l'agriculture biologique produit moins de GES. Comme elle ne repose pas sur l'emploi d'engrais de synthèse et de pesticides, elle émet moins de gaz carbonique et de protoxyde d'azote dans l'atmosphère. « Les émissions de protoxyde d'azote, proportionnelles aux apports de fertilisants azotés, sont fortement réduites en agriculture biologique[4]. »

Comme en régie biologique on ajoute une litière aux fumiers, le compostage qui s'ensuit produit peu de méthane en comparaison d'une gestion sur lisier liquide.

De plus, la fertilisation en régie biologique repose sur l'emploi de matières organiques ; les sols qui en sont mieux pourvus deviennent des puits de carbone importants, ce qui réduit la concentration de gaz carbonique dans l'atmosphère. Un sol avec un taux d'humus de 2 % (chiffre moyen pour un sol en grande culture) enferme 40 tonnes de carbone à l'hectare, alors que si on double ce taux, 80 tonnes de carbone par hectare seront retranchées de l'atmosphère[5]. «Une expérience menée depuis plus de 20 ans aux États-Unis par l'institut Rodale a montré que, avec la même rotation, l'agriculture biologique séquestrait environ une tonne de carbone par hectare et par an, contre seulement 300 kg en agriculture conventionnelle[6].»

Claude Aubert conclut ainsi sa recherche sur l'impact de l'agriculture sur les changements climatiques : «Somme faite de tous ces éléments, la généralisation en France de l'agriculture biologique réduirait donc autant les émissions de gaz à effet de serre que si l'on supprimait totalement la circulation des voitures particulières, qui représente 12 % de ces émissions[7].»

Réduire notre consommation de viande de ruminants et de riz

Les ruminants éructent pendant leur digestion d'importantes quantités de méthane. Diminuer la consommation de bœuf, de veau, d'agneau et de chevreau contribue à réduire l'effet de serre.

On a calculé qu'un kilo de bœuf produit l'équivalent de 10 kg de carbone. Pour un kilo de céréales, les quantités émises sont de 50 à 100 fois inférieures[8], mis à part le riz, dont la production émet dans l'atmosphère des quantités significatives de méthane.

La consommation de volaille n'affecte pas le climat comme celle des autres viandes. La diversité des viandes de volatiles maintenant offerte permet à l'épicurien d'y trouver son plaisir : caille, faisan, perdrix, pintade, dinde et poulet consommés occasionnellement garnissent la table de protéines tout en diversifiant agréablement le menu.

L'Organisation des Nations Unies pour l'alimentation et l'agriculture révélait récemment que l'élevage à lui seul, avec 18 % des émissions mondiales, produisait plus de GES que les automobiles.

Consommer des aliments locaux

Le transport au Québec contribue à plus du tiers des GES. On estime ce pourcentage à 37,4 %, ce qui est considérable. La présence dans les supermarchés d'aliments importés à l'année accroît la demande en transport. On estime qu'un camion sur trois circulant sur les routes transporte des aliments. Il n'est pas surprenant d'apprendre que les aliments voyagent en moyenne de 2 500 à 4 000 km du champ à l'assiette. Une alimentation qui reposerait sur des produits locaux et sur le cycle saisonnier permettrait de réduire la contribution de notre assiette aux changements climatiques de l'ordre de 4 %.

Jardiner bio

Le jardinier écologique est sans conteste un maître de la réduction des GES, car il pratique une activité de proximité, il stocke du carbone dans le sol et il réduit les besoins en transport pour ses aliments et ses loisirs. Si, de plus, il opte pour un régime végétarien et plante des arbres, son bilan énergétique sera tel qu'il pourra savourer le bonheur d'être une personne responsable qui aura, par surcroît, choisi une magnifique façon de mener son existence.

1. Groleau, Stéphane. « L'agriculture a des gaz », *Bio-Bulle*, n° 74, janvier-février 2007, p. 16 et 17.

2. Idem, p. 17.

3. Aubert, Claude. « Notre assiette réchauffe la planète », *Les Quatre Saisons du Jardinage*, n° 161, novembre-décembre 2006, p. 69.

4. Aubert, Claude. « Effet de serre : La solution dans notre assiette », *Les Quatre Saisons du Jardinage*, n° 129, juillet-août 2001, p. 67.

5. Idem, p. 68.

6. Aubert, Claude. « Notre assiette réchauffe la planète », *Les Quatre Saisons du Jardinage*, n° 161, novembre-décembre 2006, p. 70.

7- Aubert, Claude. « Effet de serre : La solution dans notre assiette », *Les Quatre Saisons du Jardinage*, n° 129, juillet-août 2001, p. 69.

8- Idem, p. 69.

Chapitre 4

Le sol vivant

La réussite d'un jardin écologique
repose en grande partie sur
la qualité du sol, car dans une terre
saine évoluent des végétaux
productifs, équilibrés chimiquement
et résistants aux insectes et aux
maladies. Le sol est une matière
dans laquelle pullulent en permanence une multitude d'organismes
vivants, dont des protozoaires
et des nématodes par milliers, des
champignons et des actinomycètes
par millions et des bactéries
par milliards.

On a comptabilisé dans un sol sain jusqu'à un milliard de micro-organismes par gramme de terre. Par une activité incessante, ils créent un environnement favorable au développement des végétaux et participent étroitement à leur nutrition. Les bactéries solubilisent les éléments nutritifs présents dans la matière organique, la roche-mère et l'air et les mettent à la disposition des racines des plantes selon leurs besoins spécifiques, aux différents stades de leur croissance. Afin de favoriser une saine activité biologique dans le sol, certaines conditions doivent prévaloir. Le sol doit être riche en matière organique, bien aéré, équilibré chimiquement et le pH doit être voisin de la neutralité. Toutes ces conditions sont atteintes par des interventions toutes simples : des apports réguliers de matière organique de qualité, principalement sous forme de compost, l'atteinte d'un équilibre minéral du sol par l'apport, au besoin, d'engrais non solubles, la surveillance du pH ainsi qu'un travail du sol judicieux. Mais avant de nous intéresser à la régie, arrêtons-nous quelque peu pour étudier le sol. Sa compréhension, en plus de faciliter la pratique du jardinage, éveillera chez le jardinier un nouvel intérêt pour cette matière qu'il foule de ses pieds, souvent avec beaucoup d'insouciance.

La texture du sol

On détermine la texture d'un sol par sa teneur en argile, en limon, en sable et en matière organique. Selon cette teneur, le sol présentera des propriétés différentes. En jardinage, on classe les sols en deux principales catégories : les sols légers et sableux et les sols lourds et argileux. Selon la texture, on interviendra différemment.

Les sols sableux

Les sols sableux sont principalement constitués de particules de sable, des constituants grossiers qui les rendent perméables. Ils retiennent donc peu l'eau et les éléments nutritifs et sont ainsi portés au lessivage. La formation d'humus y est faible, ce qui crée des besoins plus élevés en compost pour assurer leur fertilité. Ils libèrent plus difficilement les éléments minéraux qu'ils contiennent à cause de la dureté et de la taille de leurs particules. Les sols sableux se réchauffent plus rapidement au printemps et se travaillent sans contrainte.

Pour les améliorer, il faut les amender régulièrement avec du compost. On peut aussi le faire avec de l'argile ou une bonne terre argileuse, ce qui favorise une meilleure formation d'humus et réduit le lessivage.

Les petits fruits, les légumes racines et les asperges produisent particulièrement bien dans ce type de sol. Cependant, toutes les espèces

Un sol sableux

Un sol argileux

peuvent y être cultivées avec succès à condition que la fertilisation et l'irrigation soient appropriées.

Les sols argileux

Les sols argileux sont caractérisés par une teneur élevée en argile. Comme
les particules d'argile sont extrêmement fines (moins de 0,002 mm), elles
peuvent être attaquées plus aisément par les micro-organismes du sol et
ainsi libérer plus facilement les éléments nutritifs qu'elles contiennent.
C'est l'une des raisons pour lesquelles les sols argileux sont plus fertiles
que les sols sableux. Toutefois, à cause de la finesse des particules d'argile,
les sols argileux sont moins poreux et moins perméables ; ils se drainent
plus lentement ce qui les rend moins sensibles à la sécheresse. Ils ont aussi
tendance à être plus froids. Pour les rendre fertiles, on doit les travailler
de façon à construire leur structure (voir la prochaine section dans ce
chapitre).

On ne doit jamais travailler les sols argileux en période humide : ils
formeraient des mottes grossières qui durciraient au soleil. On ne doit pas
non plus le faire en période sèche, car ils s'affineraient et reprendraient en
masse à la prochaine pluie. Pour obtenir de bons résultats avec ces sols,
on doit les travailler lorsqu'ils ne sont ni trop secs ni trop humides,
lorsqu'une motte sur laquelle on exerce une pression avec les mains se
défait en agrégats, de petites mottes.

Une terre franche

Une terre noire

Malgré ces contraintes, les sols argileux détiennent un plus fort potentiel de fertilité que les sols sableux. En plus de leur plus grande disponibilité en minéraux, ils permettent la formation d'humus, un constituant organique bénéfique à long terme pour les sols.

Les choux, les poivrons, les tomates, les aubergines et les poireaux produisent particulièrement bien dans ces sols. On peut obtenir de bons résultats avec toutes les espèces pourvu que le sol soit bien amendé et correctement structuré.

Les terres franches et les terres noires

Le sol idéal en serait un à texture équilibrée, constitué de 40 à 60 % de sable, de 30 à 40 % de limons (les limons sont des particules de taille intermédiaire entre celles du sable et celles de l'argile), de 15 à 25 % d'argile et de 3 à 5 % de matière organique. On qualifie un tel type de sol de terre franche. Mais les terres franches qu'on trouvait principalement sur l'île de Montréal et l'île Jésus sont devenues rares au Québec, car elles ont été recouvertes d'asphalte, de béton et de pelouses. À l'extérieur de cette zone, on trouve principalement des sols sableux ou argileux. Les sols limoneux sont plutôt rares au Québec. On y intervient sensiblement de la même manière qu'en sols sableux.

On trouve les terres noires principalement dans les dépressions. Ce sont des sols humides, acides et riches en matière organique. Drainés de leurs excédents d'eau, ils donnent d'excellents rendements pourvu que leur acidité soit corrigée et que leur teneur minérale soit équilibrée. On y obtient d'excellents résultats avec les laitues, les céleris et les céleris-raves.

La structure du sol

La structure du sol est la façon dont sont liés entre eux les sables et les limons. Ce sont l'argile et l'humus qui jouent le rôle de liant. Une structure saine permet à un sol d'être bien aéré, donc de se drainer rapidement de ses excédents d'eau. Comme les micro-organismes utiles évoluent en présence d'air, les sols doivent être bien pourvus en oxygène pour favoriser leur prolifération. Un sol mal structuré manque d'air; il est asphyxiant pour les micro-organismes et les racines des végétaux et favorise l'apparition de maladies.

En sol sableux, la structure ne pose pas de problème. Ses constituants grossiers permettent une bonne aération et favorisent le drainage. En sol argileux cependant, la taille menue des particules fait que le sol devient facilement compact et asphyxiant. Une bonne structure est donc essentielle à sa fertilité.

La structure optimale pour un sol argileux est une structure grumeleuse, c'est-à-dire un sol formé d'agrégats superposés. Les agrégats sont de petites mottes formées de particules de sable et de limon liées entre elles par de l'argile et de l'humus. Les espaces vides entre les agrégats favorisent une bonne présence d'air et un drainage rapide.

Pour obtenir une structure grumeleuse, trois conditions doivent prévaloir : une bonne teneur en matière organique, un pH adéquat et un travail du sol approprié (voir le chapitre sur le travail du sol page 162).

Un sol argileux compact

Un sol argileux en grosses mottes

**Un sol argileux
à structure grumeleuse**

Le pH ou le potentiel hydrogène

Le pH d'un sol indique la quantité d'ions d'hydrogène contenus dans sa solution. Le pH est évalué à l'aide d'une échelle de 1 à 14. Plus le nombre d'ions d'hydrogène est élevé, plus le pH est bas et plus le sol est acide. Moins il y a d'ions d'hydrogène, plus le pH est élevé et plus le sol est alcalin. Un pH de 7 est neutre. L'échelle du pH étant logarithmique, un sol au

L'échelle du pH

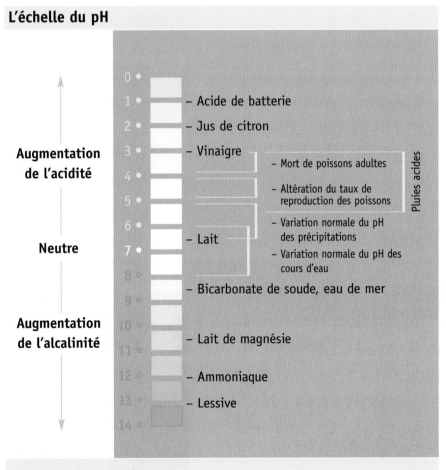

L'échelle du pH indique l'acidité d'un échantillon. Cette échelle est divisée en unités allant de 0 (acidité maximum) à 14 (alcalinité maximum). Le milieu de l'échelle, 7, correspond au point neutre.

pH de 6 est 10 fois plus acide qu'un autre au pH de 7, un sol au pH de 5 est 10 fois plus acide qu'un autre au pH de 6 et 100 fois plus acide qu'un autre au pH de 7 et ainsi de suite.

Au Québec, on rencontre surtout des problèmes d'acidité. Un pH inférieur à 6 nuit au développement des micro-organismes et à l'assimilation de certains minéraux, tout comme un pH supérieur à 7,5. En milieu acide, la structure du sol devient instable et certaines plantes adventices infestent les cultures. On doit donc surveiller périodiquement le pH et le corriger au besoin. On corrige l'acidité par des apports de calcium sous forme de chaux ou de cendres (voir les pages 80 et 81). Si on doit acidifier le sol, on emploiera de la mousse de tourbe, du soufre microfin ou un compost fait de branches de conifères broyées ou d'aiguilles de conifères.

Le pH optimal en sol sableux est de 6,5. En sol argileux, il varie de 6,8 à 7,4 selon la teneur en argile. Plus la teneur en argile est élevée, plus le pH optimal est élevé. Des apports réguliers de compost exercent un effet alcalinisant sur le pH, car le pH du compost se situe habituellement autour de 7,5. Ainsi, en culture écologique, le pH se maintient généralement de lui-même. Pour connaître le pH d'un sol, il faut le faire analyser (voir à cet effet le prochain chapitre).

La matière organique, une panacée

En culture écologique, la matière organique joue un rôle fondamental dans la fertilité des sols. Elle encourage la prolifération des micro-organismes du sol en leur servant de nourriture et en créant des conditions favorables à leur multiplication. Elle allège les sols argileux et augmente leur porosité, ce qui améliore le drainage. En sols sableux, elle joue le rôle d'éponge en retenant l'eau et les éléments nutritifs solubles. La matière organique, en se décomposant, libère de manière graduelle des éléments nutritifs assimilables par les plantes. Elle fournit ainsi une nourriture qui convient parfaitement à leurs besoins.

On apporte de la matière organique au sol principalement sous forme de compost. On peut aussi le faire par la culture d'engrais verts ou par l'utilisation de paillis végétaux appliqués au sol.

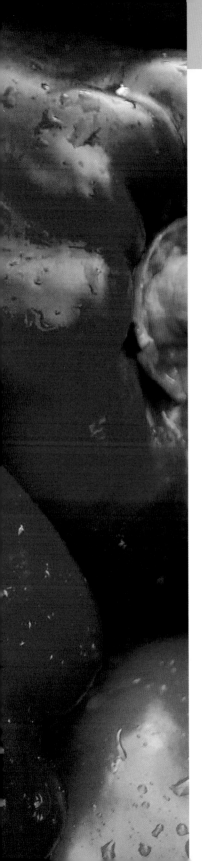

Chapitre 5

Les besoins nutritifs des végétaux

Ce sont les micro-organismes,
principalement les bactéries,
qui préparent les éléments minéraux
nécessaires au développement
des végétaux. Ils trouvent
ces éléments dans la matière
organique, la roche-mère, l'air (dans
le cas de l'azote) ou dans les engrais
apportés par l'être humain.

Pour maximiser l'activité des micro-organismes, certaines conditions doivent prévaloir : un taux de matière organique élevé, un pH approprié et une bonne structure du sol qui favorise son aération et son drainage.

L'équilibre minéral du sol est également essentiel à la qualité et à la productivité des végétaux. Même si les bactéries bénéficient de conditions propices pour effectuer leur travail, si elles ne trouvent pas dans le sol les éléments minéraux dont la plante a besoin, elles ne peuvent les lui fournir. À titre d'exemple, si le sol est carencé en phosphore ou en magnésium, les végétaux qui y évoluent seront carencés en ces éléments, avec des conséquences manifestes. C'est là qu'intervient le jardinier. Il doit s'assurer que les bactéries trouvent dans le sol tous les éléments minéraux dont elles ont besoin pour nourrir les végétaux. Si ce n'est pas le cas, un recours à des engrais naturels non solubles doit être envisagé.

L'analyse d'un sol indique sa teneur en minéraux. Pour connaître le profil minéral d'un sol, il faut le faire analyser. Pour ce faire, on prélève une dizaine d'échantillons à différentes profondeurs sur un terrain à même texture et on apporte au centre de jardin 500 ml du mélange des échantillons.

Une analyse sommaire donne le pH du sol ainsi que sa teneur en phosphore, en potassium et en magnésium. Ces informations sont normalement suffisantes pour corriger les déséquilibres les plus courants. Pour un coût plus élevé, on peut obtenir le profil minéral complet du sol, des données qui ne sont pas essentielles à la conduite d'un jardin domestique.

Une fois les résultats obtenus, le jardinier apportera les correctifs appropriés. Il utilisera à cet effet des engrais non solubles (dits aussi naturels), c'est-à-dire des engrais dont les éléments minéraux ne sont pas directement assimilables par les plantes. Avec de telles substances, les micro-organismes sont respectés et conservent la responsabilité du dosage des minéraux absorbés par les plantes.

Une fois le sol équilibré, les analyses de sol seront moins nécessaires, car en combinant une fertilisation organique à base de compost et la rotation des cultures, on prévient les déséquilibres d'ordre minéral dans le sol.

Une fois cet équilibre atteint, on peut ne faire analyser le sol qu'aux trois ou cinq ans. Certains n'ont recours au diagnostic qu'une fois aux

10 ans. La fréquence des analyses dépend de l'expérience, de la confiance et du tempérament du jardinier.

Les éléments dont les végétaux sont le plus friands sont l'azote, le phosphore et le potassium. On les appelle les éléments primaires. Ils sont privilégiés en culture industrielle car ils jouent beaucoup sur le volume et le poids des végétaux. Leur ratio est toujours indiqué sur les sacs d'engrais. L'appellation « primaire » laisse croire que ces éléments ont plus d'importance que les autres dans la fertilisation, ce qui est faux car tous les éléments minéraux ont un rôle à jouer dans le métabolisme végétal.

On appelle éléments secondaires le calcium, le magnésium et le soufre, tandis que les autres éléments, ceux qui ne sont nécessaires qu'en petite quantité, sont nommés oligo-éléments ou micro-éléments; ce sont principalement le bore, le cuivre, le fer, le manganèse, le molybdène et le zinc.

Tous les éléments minéraux nécessaires à la croissance des végétaux se trouvent dans un compost de bonne qualité et dans une proportion qui leur convient bien. Dans les engrais naturels employés en culture écologique, on trouve des minéraux en proportion variable. Mais avant de voir les engrais et les amendements, examinons le rôle que jouent les principaux éléments minéraux dans la croissance des végétaux.

L'azote

L'azote est un constituant de base des protéines. Il sert à former les acides aminés, principaux matériaux des protéines. Comme l'azote est une composante de la chlorophylle, il constitue un important facteur de verdissement chez les végétaux. Il joue également sur leur poids et sur leur volume. Un plant robuste portant des feuilles d'un beau vert foncé est bien pourvu en azote. Un plant chétif au feuillage pâlot signale une carence.

On trouve de l'azote dans l'air, dans la matière organique ou dans certains engrais d'origine organique. Cet élément est absent de la roche; c'est pourquoi des apports d'azote minéral au sol (sous forme de nitrates par exemple) causent des perturbations plus importantes aux cycles biologiques que des apports de n'importe quel autre élément. «D'ailleurs, c'est l'erreur fondamentale de l'agronomie moderne d'avoir assimilé l'azote aux éléments proprement minéraux et de n'avoir pas compris que le cycle de l'azote, base de toute vie, ne pouvait qu'être perturbé par des apports d'azote de synthèse [1]. »

Certaines bactéries ont la capacité de transformer l'azote de l'air en azote assimilable par les végétaux; d'autres minéralisent l'azote présent dans la matière organique qui devient alors assimilable par les végétaux.

Comme les bactéries fixatrices d'azote ne travaillent que lorsque le sol est réchauffé, il arrive qu'on observe des carences en azote tôt au printemps. Cette situation peut être corrigée par une fertilisation printanière à base de purin végétal ou d'émulsion de poisson (voir le prochain chapitre pages 85 et 86).

Les engrais bien pourvus en azote sont les purins végétaux, les farines de crabe, de crevette, de poisson et de plume et les émulsions de poisson. Mais la meilleure source d'azote demeure toujours le compost qui, lorsqu'il est bien mené, en contient près de 5 %.

Le phosphore

Le phosphore est un élément important pour les légumes fruits, car il participe étroitement à la formation des fruits ainsi qu'à leur mûrissement. Il joue un rôle important dans la photosynthèse et dans le développement du système racinaire, surtout en début de croissance. Les sols du Québec sont généralement pauvres en phosphore assimilable, mis à part la région du Saguenay-Lac-Saint-Jean.

Une intense activité biologique, stimulée par des apports réguliers de compost et des cultures d'engrais verts, favorise l'extraction du phosphore de la roche-mère. Un pH entre 6,2 et 6,5 stimule l'assimilation du phosphore minéral, plus difficilement assimilable que le phosphore d'origine organique.

On trouve du phosphore dans le compost, le phosphate minéral, les cendres de bois et les farines de crevette, de crabe ou de poisson ainsi que dans certaines marques d'émulsion de poisson.

Le potassium

Les sols québécois sont normalement bien pourvus en potassium. L'activité biologique augmente la disponibilité de cet élément. Le potassium participe à plusieurs fonctions de la plante : il joue un rôle dans la photosynthèse, il favorise une meilleure conservation de l'eau dans la plante, il améliore la résistance au parasitisme et il aide au développement des racines.

Le potassium est particulièrement important pour les légumes racines et les légumineuses. Avec des apports réguliers de compost, le sol ne devrait pas être carencé en cet élément. Du potassium peut également être apporté par les cendres de bois, le mica, le basalte et les algues liquides ou solides.

Le calcium

Le calcium est un élément essentiel pour les végétaux, car il entre dans leur composition cellulaire et participe à leur mise à fruit.

Il joue également un rôle clef dans la qualité du sol : il améliore sa structure et permet le maintien du pH à un niveau propice au développement des micro-organismes et des végétaux. Afin que le calcium soit assimilable, le sol doit être suffisamment humide. L'irrigation au besoin permet à l'élément de bien circuler du sol à la plante. On apporte du calcium au sol par les cendres de bois, la chaux, le phosphate minéral et le basalte.

Le magnésium

Malgré sa grande importance dans le développement et la santé des végétaux, des animaux et des êtres humains, le magnésium est souvent négligé en agriculture industrielle.

Le magnésium joue un rôle majeur dans la photosynthèse ; il participe à la maturation des fruits et des légumes et il aide le phosphore à circuler dans le sol. Sa teneur est souvent faible dans les sols québécois ; dans ce cas, on doit corriger la carence. On doit également prêter attention aux excès de potassium, car ils bloquent l'assimilation du magnésium.

On apporte du magnésium au sol par un ajout de chaux dolomitique, de basalte ou de mica.

Le soufre

Le soufre joue un rôle de premier plan dans la formation des protéines, car il est une importante composante de deux acides aminés, la méthionine et la cystine. On n'a cependant jamais à se préoccuper de cet élément dans la fertilisation car les sols et la matière organique en sont habituellement bien pourvus. Compte tenu des quantités de soufre présentes dans l'eau de pluie, on doit plutôt intervenir de façon à en neutraliser l'effet acidifiant.

Les oligo-éléments

Les oligo-éléments, qu'on appelle aussi micro-éléments, sont essentiels à la croissance des végétaux. Le bore, par exemple, participe à 15 fonctions différentes des plantes, dont la division cellulaire, la floraison, la mise à fruit, la synthèse protéique et le développement des racines. Le cuivre, quant à lui participe à la respiration, le fer, à la formation de la chlorophylle et le zinc, à la maturation des semences. Ces éléments doivent cependant être présents en quantité minime. À des taux trop élevés, ils deviennent toxiques. Souvent, la frontière entre la carence et l'excès est très mince. Par exemple, le bore à 4 ppm est en carence alors qu'à 30 ppm, il est en excès. Tout engrais concentré en ces éléments devrait donc être utilisé avec prudence et parcimonie. Un compost bien fait, avec des matériaux variés, recèle tous les oligo-éléments nécessaires à un taux approprié. Les algues liquides ou la farine d'algue sont également bien pourvues en oligo-éléments ; utilisées judicieusement, elles assurent aux végétaux une présence adéquate de ces éléments.

1.   Aubert, Claude. *L'agriculture biologique*. 1977, p. 140.

Les amendements et les engrais

En jardinage écologique, la fertilité du sol repose sur de saines pratiques culturales combinées à une fertilisation judicieuse et équilibrée. Par de saines pratiques culturales, on entend la rotation des cultures, la gestion adéquate de l'humidité du sol et un travail du sol fait au bon moment avec les bons instruments. La fertilisation biologique vise à améliorer la qualité globale du sol de façon à favoriser la croissance des végétaux.

On cherche donc avant toute chose à nourrir la terre, car dans une terre saine se développeront inévitablement des végétaux de qualité.

En culture écologique, la fertilisation consiste en l'apport au sol d'amendements et d'engrais. On accorde une plus grande importance aux amendements, car ils agissent sur les qualités générales du sol. Les engrais servent à corriger des carences minérales importantes ou à compléter une fertilisation à base de compost.

Les amendements

Les principaux amendements employés en jardinage écologique sont le compost, le fumier, les engrais verts, l'argile, la chaux et la cendre. Utilisés judicieusement, ils permettent au sol d'atteindre une fertilité maximale et d'obtenir un meilleur rendement et une meilleure qualité à la récolte. Ils devraient représenter les plus importants apports au sol.

Le compost

L'importance du compostage en jardinage écologique est telle que le prochain chapitre lui est entièrement consacré.

On applique le compost de préférence au printemps. En sol argileux, on peut aussi l'appliquer à l'automne. Les sols sableux nécessitent généralement des apports plus importants que les sols argileux.

Chaque plante a des besoins spécifiques quant à la quantité et au type de compost. Certaines plantes qu'on dit voraces apprécient de fortes quantités de compost jeune ; c'est le cas du maïs, des cucurbitacées, des aubergines, des tomates et des artichauts. D'autres légumes sont aussi exigeants en matière organique, mais préfèrent un compost plus mûr : c'est le cas des légumes feuilles. Un autre groupe de légumes est considéré comme frugal, c'est-à-dire qu'ils se contentent d'une légère dose de compost mûr : c'est le cas des légumineuses et de la plupart des légumes racines.

Par une bonne régie, on rationalise l'emploi du compost tout en répondant aux besoins nutritifs de chaque plante (voir la page 103).

De 1 à 1,5 tonne aux 100 m² sera appliquée pour les cultures exigeantes. Les plantes frugales ne recevront que 0,5 tonne aux 100 m² ; après quelques

années, elles se contenteront même très bien de la matière organique résiduelle, issue des apports précédents.

Afin d'éviter les pertes en azote, il faut incorporer le compost aux premiers centimètres du sol avec la motobêcheuse ou une griffe.

Les mesures du compost
1 brouette : plus ou moins 50 kg
1 tonne : plus ou moins 20 brouettes

| Le fumier

Les différents fumiers animaux constituent d'excellentes matières premières pour fabriquer du compost. La qualité de l'élevage détermine la qualité du fumier produit. Mieux vaut privilégier les fumiers issus de petits élevages, idéalement biologiques. Selon l'animal dont ils sont issus, les fumiers comptent une teneur variable en minéraux (voir le prochain tableau). Le compostage des fumiers est essentiel à leur assainissement. Ils devraient toujours être vieillis au moins trois mois avant d'être appliqués au sol.

La valeur fertilisante du fumier

Animal	Valeur fertilisante du fumier en %		
	N	P	K
Cheval	0,60	0,28	0,53
Vache laitière	0,40	0,16	0,50
Porc	0,45	0,20	0,60
Mouton	0,80	0,23	0,67
Poule	1,70	1,60	0,90
Canard et oie	0,80	1,00	0,80

D'après von Heynitz, Krafft. *Le compost au jardin*. 1985.

Le fumier déshydraté en granules (4-4-1)

On trouve maintenant sur le marché du fumier déshydraté en granules. Cet engrais est fabriqué avec du fumier de volaille. Il est riche en azote et en phosphore. On l'emploie à raison de 5 kg/100 m² ou de 15 ml par plant.

L'argile

L'emploi d'argile ou de terre argileuse comme amendement dans les sols sableux comporte de nombreux avantages. En plus de sa teneur élevée en minéraux facilement assimilables, l'argile améliore la rétention d'eau et des éléments nutritifs. Elle permet aussi la formation d'humus dans le sol, ce qui réduit les besoins annuels en compost. Comme la manipulation de terre argileuse est fastidieuse à cause de son poids, on peut apporter de petites quantités d'argile sèche en la saupoudrant sur le compost appliqué au sol. À cet effet, on peut employer de l'argile bentonite qui se vend en poche chez certains détaillants.

On peut amender les sols à faible teneur en argile (10 % et moins) avec de 100 à 500 kg de terre argileuse aux 100 m²; ces apports pourront être répétés jusqu'à ce que la teneur du sol en argile atteigne 10 %.

La qualité de la terre argileuse importée doit cependant être vérifiée, car l'argile a la propriété de fixer les résidus de pesticides et les métaux lourds. Il faut éviter d'utiliser toute terre venant de sites potentiellement contaminés.

On applique l'argile bentonite en même temps que le compost, au taux de 50 kg/100 m².

Les engrais verts

Les engrais verts sont des cultures destinées à être enfouies dans le sol. Ils enrichissent et assainissent le sol tout en augmentant son taux de matière organique. Largement utilisée en agriculture écologique, cette technique est de plus en plus employée en jardinage pour occuper le terrain en automne, une fois qu'une surface est libérée de sa culture. On peut aussi les cultiver pour préparer un nouveau terrain ou les intégrer dans une section du jardin en rotation. La méthode est décrite à la page 106.

La mousse de tourbe

La mousse de tourbe est très populaire au Québec. Sa commercialisation cause cependant des préjudices à l'environnement, car la tourbe est prélevée dans les tourbières. La demande croissante pour ce matériau comme amendement du sol ou comme composante de terreau cause la destruction de ces milieux humides.

Comme les tourbières sont difficilement accessibles, elles sont demeurées sauvages : elles comportent des espèces végétales qui leur sont propres et servent d'abri à une multitude d'espèces animales. De plus, ces milieux assainissent l'eau.

Au Québec, on a maintenant récolté 11 000 hectares de tourbières à des fins agricoles et horticoles. La province ne protège que 0,3 % de ses tourbières, qui représentent entre 7 et 9 % du territoire[1].

Comme la mousse de tourbe n'est pas nécessaire à la fertilité des sols, le jardinier devrait s'abstenir d'en employer. Rappelons que la majorité des composts commerciaux sont préparés à partir de mousse de tourbe.

Le compost domestique est au moins aussi efficace que la mousse de tourbe pour alléger les sols. À cet égard, rien ne surpasse le compost de feuilles.

La chaux

La chaux est de la roche calcaire broyée de façon à rendre son calcium plus disponible. La matière active de la chaux est le calcium. L'élément permet de corriger l'acidité du sol en augmentant le pH. Le sol devient alors plus alcalin.

Il existe deux types de chaux : la chaux agricole et la chaux dolomitique. La première, plus économique, est principalement constituée de carbonate de calcium. La seconde contient, en plus du carbonate de calcium, du carbonate de magnésium, ce qui en fait une source économique de magnésium, un élément souvent en carence dans les sols. La chaux dolomitique est celle qu'on privilégie en jardinage écologique.

L'analyse de sol détermine les besoins en chaux et les quantités à employer. On applique la chaux sur toute la surface du sol ou seulement sur la surface des planches, soit au printemps avant les cultures ou à l'automne, après la récolte.

Le pH optimal à atteindre en sol sableux est de 6,5 ; en sol argileux, il va de 6,8 à 7,3. Plus la teneur en argile est élevée, plus le pH optimal est élevé (voir la page 65).

Afin de ne pas modifier brusquement les conditions du sol, les doses recommandées n'augmentent le pH que d'un demi-point, soit de 0,5. Pour une hausse de un point, deux années seront nécessaires.

Les sols	Dose corrective	Dose d'entretien (au besoin)
Sols sableux :	25 kg/100 m²	5 kg/100 m²
Sols argileux :	50 kg/100 m²	10 kg/100 m²

Les cendres de bois

Les cendres de bois, à cause de leur forte teneur en calcium, permettent également de hausser le pH du sol. Elles doivent cependant être issues d'un feu propre, c'est-à-dire qui n'a pas servi à brûler du bois traité, teint ou peint ou du papier de couleur, car les résidus de combustion de ces matériaux demeurent dans la cendre. On observe alors des taux élevés de métaux lourds.

Les cendres de bois franc sont celles qui recèlent la plus forte teneur en minéraux; elles contiennent 23 % de calcium, de 2 à 10 % de phosphore, de 6 à 15 % de potassium ainsi que de nombreux oligo-éléments. Comme les cendres détiennent un fort pouvoir alcalinisant et qu'elles sont riches en potassium (les excès de potassium bloquent l'assimilation du magnésium), elles devraient toujours être appliquées en conformité avec une analyse de sol. Une application trop généreuse de cendres de bois peut rendre une terre improductive. Les doses suivantes haussent le pH de près d'un demi-point.

Dose corrective
15 kg/100 m^2

Dose d'entretien (au besoin)
5 kg/100 m^2

Une application régulière de compost de qualité entretient le pH du sol, ce qui élimine à la longue le besoin d'ajouter de la chaux ou des cendres de bois sur une base régulière. Les ajustements de pH se font normalement au démarrage du jardin, puis, une fois le taux optimal atteint, il a tendance à se stabiliser.

Les engrais

La fertilisation en culture écologique repose principalement sur l'apport au sol de matière organique, soit sous forme de compost, d'engrais vert ou de paillis végétaux. On emploie les engrais naturels pour compléter la fertilisation organique ou pour corriger un déséquilibre important dans le sol.

Ce qui distingue un engrais naturel d'un engrais de synthèse, c'est la solubilité du produit. L'engrais de synthèse est soluble, donc directement assimilable par la plante, alors que les engrais naturels doivent passer par l'intermédiaire microbien avant d'être assimilé. Cette caractéristique des engrais naturels assure un meilleur équilibre minéral des végétaux cultivés, tout en réduisant la pollution de l'eau.

On trouve sur le marché des engrais d'origine organique et des engrais d'origine minérale. Ils recèlent une teneur variable en minéraux.

Ils seront utilisés en fonction de cette teneur, de la teneur minérale du sol et des besoins des végétaux cultivés.

Comme les engrais sont des substances concentrées, ils doivent être utilisés avec prudence. On évitera de les mettre en contact direct avec les racines des végétaux, car ils pourraient les brûler. On les applique sur la surface des planches en même temps que le compost (et la chaux s'il y a lieu), avant l'établissement des cultures, puis on incorpore superficiellement le tout à l'aide d'une griffe, ou d'une motobêcheuse dans le cas de grandes surfaces.

Pour la fertilisation ponctuelle de plants de tomate, de poivron et d'aubergine, on peut mêler dans le trou de transplantation 15 ml de farine de crabe et 5 ml de farine d'algue avec 1 litre de compost mûr.

Les engrais d'origine organique

Le développement de la maladie de la vache folle en Europe et plus récemment en Amérique a exposé au grand jour la pratique du recyclage des déchets animaux en nourriture pour le bétail ainsi qu'en fertilisant. On a compris que cette pratique entraînait la contamination de la chaîne alimentaire et mettait en péril la santé des animaux ainsi que celle des êtres humains. Comme il est maintenant admis que la maladie de Creutzfeldt-Jakob peut être transmise par des fertilisants fabriqués à partir d'animaux recyclés, de nombreuses associations dont la Société royale d'horticulture d'Angleterre recommandent aux jardiniers de ne plus employer de farine d'os, de sang ou de viande, des engrais jusqu'ici considérés comme naturels et permis en culture biologique. Ce risque potentiel de contamination de la chaîne alimentaire par des fertilisants issus de l'abattage des animaux force une remise en question des méthodes de fertilisation biologique tout comme elle oblige à revoir celles de l'alimentation du bétail.

Cette nouvelle réalité a réduit le nombre d'engrais d'origine organique recommandables. Parmi ceux qui demeurent, plusieurs sont issus de la mer. Il importe alors de se questionner sur la qualité de l'environnement de l'endroit où sont prélevées les matières premières pour leur fabrication.

La farine de crevette (8,5-6-1,2)

La teneur minérale de la farine de crevette varie selon la marque. Cette farine est bien pourvue en azote et en phosphore facilement disponibles. Elle recèle de la chitine, qui stimule la vie du sol tout en jouant un rôle antifongique et nématocide.

La farine de crevette est fabriquée à partir des résidus de la pêche à la crevette. Elle remplace bien la poudre d'os au jardin. On l'emploie à raison de 5 à 10 kg/100 m^2 ou ponctuellement dans le trou de transplantation de plants exigeants en phosphore comme la tomate, le poivron et l'aubergine, à raison de 15 ml par plant.

La farine de crabe (4,7-5,9-0,3)

La teneur minérale de la farine de crabe varie selon la marque. Cette farine est bien pourvue en azote et en phosphore facilement disponibles. Elle recèle normalement de la chitine, qui stimule la vie du sol tout en jouant un rôle antifongique et nématocide.

La farine de crabe est fabriquée à partir des résidus de la pêche au crabe. Elle remplace bien la poudre d'os au jardin. On l'emploie à raison de 5 à 10 kg/100 m^2 ou ponctuellement dans le trou de transplantation de plants exigeants en phosphore comme la tomate, le poivron et l'aubergine, à raison de 15 ml par plant.

La farine de poisson (N-P-K variable selon la marque)

La teneur minérale des farines de poisson varie selon la marque. Ces farines sont généralement bien pourvues en azote, mais moins riches en phosphore et en potassium. Certains de ces produits s'appliquent directement au sol alors que d'autres s'emploient en fertigation (dilués dans l'eau d'irrigation). On suit les indications du fabricant.

La farine de plume (13-0-0)

La farine de plume est un engrais issu de l'abattage des poulets. Elle est bien pourvue en azote facilement assimilable par les végétaux. Il demeure disponible pour les végétaux durant toute la saison.

On l'emploie à raison de 5 kg/100 m^2 ou de 15 ml par plant.

La farine d'algue (2-4-10)

La farine d'algue est riche en potassium et en oligo-éléments sous une forme facilement assimilable par les végétaux. La teneur en minéraux varie selon la marque. On applique la farine d'algue au sol à raison de 1 à 2 kg/100 m². On l'emploie à petite dose à cause de sa forte teneur en oligo-éléments. On peut aussi en ajouter dans le trou de transplantation de plants exigeants en minéraux comme la tomate, le poivron et l'aubergine, à raison de 5 ml par plant. On fait souvent cet apport en combinaison avec de la farine de crabe ou de crevette.

Les émulsions de poisson (N-P-K variable selon la marque)

Les émulsions de poisson sont issues de la transformation de déchets de poisson en moulée. Au cours de cette opération, une huile est extraite; elle sert à fabriquer les émulsions de poisson. Comme certains fabricants utilisent les émulsions de poisson comme base d'engrais pour des engrais solubles, il faut toujours s'informer de la composition du produit. On évitera ceux qui mentionnent « engrais à base de poisson ».

Comme la teneur minérale en azote, en phosphore et en potassium est variable, mieux vaut choisir un produit dont le taux de phosphore est proportionnellement élevé; par exemple, la marque Neptune détient un rapport N-P-K de 2-4-0,5 ce qui en fait un engrais intéressant pour les semis (voir la page 150) ainsi que pour la transplantation. On trempera alors les caissettes dans une solution d'émulsions de poisson et d'algue, une demi-heure avant de transplanter (on peut aussi employer du purin de pissenlit).

Il est rare qu'on emploie des émulsions de poisson au jardin durant la saison : on les remplace par des purins végétaux.

Le taux de dilution des émulsions de poisson est de 10 ml/litre d'eau.

Les algues liquides

On emploie les algues liquides en fertigation (diluées dans l'eau d'arrosage) ou en vaporisation. On les trouve sous forme de concentré liquide ou sous forme de poudre soluble. La quantité à appliquer varie selon la forme et la marque. On doit suivre les recommandations du fabricant.

Les algues liquides stimulent la croissance des végétaux à cause des cytokinines, des hormones de croissance qu'elles recèlent. Elles sont bien pourvues en potassium et en oligo-éléments, ce qui complète très bien sur le plan minéral les émulsions de poisson.

Les vaporisations d'algues liquides aident les plantes à mieux supporter le choc de la transplantation ainsi que le stress dû au froid, au vent, à la sécheresse et aux ravageurs. Elles stimulent également la synthèse de la chlorophylle ainsi que la croissance des racines.

On peut vaporiser les végétaux d'algues liquides une fois qu'ils sont bien établis au jardin, et ce deux ou trois fois durant la saison. On procède de préférence en fin de journée.

Le taux de dilution des algues liquides concentrées est de 10 ml/litre d'eau et celui des algues solubles est de 2 ml/litre. Pour favoriser l'adhérence au feuillage de tout produit vaporisé, il est recommandé d'ajouter 1 ml de savon biodégradable par litre.

Les purins végétaux

Ortie dioïque

Les purins sont des macérations de végétaux fermentés. Ils servent principalement à stimuler la croissance des végétaux en leur apportant des éléments nutritifs facilement assimilables. Certains purins jouent un rôle insecticide, insectifuge ou fongicide.

Pour fabriquer du purin, on remplit à moitié un baril de bois ou un seau de plastique avec les végétaux sélectionnés. Le contenant est ensuite rempli d'eau. Le mélange doit être brassé quotidiennement. Une dizaine de jours plus tard, le purin, bien odorant, sera prêt à être appliqué, après sa dilution.

L'ortie, la consoude, le pissenlit, la luzerne, le trèfle, la bardane, la fougère et les chardons sont des plantes souvent choisies pour la fabrication de purins fertilisants ; les plantes à fleurs jaunes comme le pissenlit, la vergerette annuelle, la moutarde et la verge d'or sont particulièrement bien pourvues en phosphore. Le purin de drageons de tomates exerce un effet stimulant sur la croissance et la productivité des tomates. On peut mélanger différentes plantes. On emploie les purins fertilisants en fertigation (dilués dans l'eau d'arrosage) pour les plantes exigeantes, deux ou trois fois durant l'été, lorsque les plantes sont bien établies. Les purins complètent très bien une fertilisation à base de compost et permettent de se passer des engrais commerciaux.

Lorsque le sol est sec, on dilue le purin dans 20 parties d'eau et, lorsqu'il est humide, par exemple après l'irrigation ou une pluie, on le dilue dans trois parties d'eau.

On peut aussi faire macérer du compost jeune ou du fumier frais dans de l'eau pendant 24 heures. On dilue la macération obtenue avec de l'eau jusqu'à ce qu'on obtienne un liquide de couleur ambrée qu'on applique au pied des plantes gourmandes.

La tanaisie et l'absinthe permettent de préparer des purins insecticides et insectifuges. On les utilisera en vaporisation non diluée. Avec la prêle des champs, on prépare un purin antifongique. On le dilue dans 10 parties d'eau et on l'utilise en vaporisation. Avant de vaporiser les purins, il faut les tamiser dans un tissu très fin afin qu'ils n'obstruent pas la buse du vaporisateur. On peut aussi obtenir des résultats similaires en préparant une décoction avec les mêmes plantes. Pour ce faire, on fait bouillir la plante recouverte de 4 fois son volume en eau durant une demi-heure. On vaporisera la décoction refroidie, pure ou diluée à 50 %, selon la sévérité du problème rencontré (voir la page 149).

❙ Les engrais d'origine minérale

Les engrais d'origine minérale sont des roches extraites de mines puis broyées finement afin de rendre les minéraux qu'elles contiennent plus assimilables par les végétaux. On les emploie principalement pour corriger des déséquilibres d'ordre minéral dans le sol ou pour compléter un apport de compost. Voici les principaux.

Le phosphate minéral (0-27-0)

Le phosphate minéral est une roche à forte teneur en phosphore et en calcium. Il constitue la source la plus économique de phosphore. Comme cet engrais recèle un fort pourcentage de calcium, il a un pouvoir alcalinisant équivalant à 50 % de celui de la chaux, pouvoir dont on doit tenir compte lors de son application.

On emploie le phosphate minéral au sol à raison de 10 à 20 kg/100 m², selon la sévérité de la carence. On peut aussi l'incorporer au compost lors du montage du tas à raison de 10 kg/m³, ce qui rend le phosphate plus disponible pour les végétaux et produit un compost mieux équilibré sur le plan minéral. Au Québec, on vend souvent le phosphate minéral sous le nom de Os fossile.

Le basalte (0-0-3,6)

Le basalte est une roche broyée bien pourvue en potassium (3,6 %), mais également en calcium (4,3 %), en fer (8,2 %) et en magnésium (5,5 %). On l'applique sur un sol pauvre en ces éléments. Le taux d'application recommandé est de 10 kg/100 m². Combiné avec une farine de crabe ou de crevette, le mélange offre aux végétaux tous les éléments nécessaires à une bonne récolte. On peut aussi ajouter le basalte au compost lors du montage du tas à raison de 10 kg/m³.

Le mica (0-0-10)

Le mica est une poudre de roche riche en potassium (10 %) et en magnésium (20 %). Il provient du lac Letondal, dans le nord du Québec. On l'utilise pour corriger une carence en magnésium dans le sol lorsque le pH est adéquat, à raison de 10 kg/100 m². On peut aussi l'apporter au compost lors du montage du tas à raison de 10 kg/m³.

Le sulfate de potassium et de magnésium (0-0-22)

Le sulfate de potassium et de magnésium (Sul-Po-Mag) est riche en potassium (22 %), mais aussi en magnésium (11 %) et en soufre (22 %). Comme l'engrais est extrait du sous-sol à la vapeur, il devient soluble, ce qui rend son emploi controversé en culture écologique. On l'emploie lorsque le mica n'est pas disponible, à raison de 3 à 5 kg/100 m^2.

Le borax

Le borax (borate de sodium) est un engrais qu'on utilise dans les cas de carence en bore. On peut le trouver en pharmacie ainsi que chez certains vendeurs d'engrais. On doit l'employer avec parcimonie, car le bore devient toxique lorsqu'il est présent en excès dans le sol.

On applique le borax à raison de 100 g/100 m^2 ou de 1 g/m^2.

Les engrais composés commerciaux

Plusieurs compagnies fabriquent des mélanges d'engrais naturels tout usage. On emploie ces produits à raison de 5 à 10 kg/100 m^2, toujours en complément à un apport de compost. On doit prêter attention à l'origine et à la nature des composantes de ces engrais.

Les engrais composés de fabrication domestique

Le jardinier peut préparer un mélange d'engrais qui servira à compléter un apport de compost. Il peut par exemple mélanger 5 kg de farine de crevette ou de crabe, 5 kg de basalte et 1 kg de farine d'algue. Ce mélange peut-être appliqué sur une surface de 100 m^2.

Un mélange de 4 kg de farine de crabe et de 1 kg de farine d'algue donne de bons résultats pour 100 m^2, ou pour une fertilisation ponctuelle dans le trou de transplantation au taux de 30 ml/plant.

---

1. Francœur, Louis-Gilles. «Le Québec protège 0,3 % de ses tourbières», *Le Devoir*, 6 mai 2005.

Chapitre 7

Le compostage

Le compostage est une technique
qui consiste à faire décomposer
de la matière organique en tas
afin d'obtenir un amendement
de qualité. La technique permet
de recycler les matières organiques
produites par la maisonnée
et de les transformer en humus.
Le compostage offre donc une
solution concrète au problème
des déchets domestiques tout
en conférant au jardinier
une autonomie en intrants.

Le compost est l'amendement par excellence pour le jardin. Il ensemence le sol en micro-organismes tout en les nourrissant. Il allège les sols trop lourds, ce qui favorise le drainage et l'aération. Il améliore la capacité de rétention d'eau et d'éléments minéraux des sols légers. Enfin, le compost, en se minéralisant, libère des éléments nutritifs assimilables à un taux qui convient à la perfection aux végétaux. Avec du compost en quantité suffisante, le jardinier devient autonome en amendements et en fertilisants, ce qui réduit substantiellement ses coûts de production. Pour fabriquer cet or brun, tout ce dont il a besoin, c'est de matière organique, de temps et d'un peu de savoir-faire.

Les règles de base du compostage

Trois éléments sont essentiels à la fabrication du compost : la matière organique, l'air et l'eau.

La matière organique

Théoriquement, toute matière organique peut être employée pour faire du compost. Cependant, pour produire un compost de qualité, il faut prêter une attention toute particulière à la qualité de la matière utilisée. Ainsi, si on utilise du fumier, celui-ci devrait provenir d'une entreprise où les animaux ne sont pas traités aux antibiotiques et où on n'utilise pas de pesticides dans la production des fourrages, des grains et de la litière. La paille et le foin devraient également provenir d'une entreprise qui exclut l'utilisation de produits de synthèse. On ne devrait pas employer des feuilles provenant d'arbres de villes industrielles ou situés en bordure de routes passantes, car les feuilles ont la propriété de fixer les métaux lourds et les autres polluants atmosphériques. En zone urbaine, il faut éviter l'ajout de viande au compost, car elle attire la vermine. Les boues municipales, d'abattoirs et de papetières ne sont pas recommandées à cause des polluants qu'elles contiennent. Les excréments d'humains, de chiens et de chats sont à proscrire à cause des germes pathogènes qu'ils contiennent. On doit éviter d'utiliser des pelures d'agrumes, de bananes et d'autres fruits et légumes industriels à cause des résidus de pesticides qu'ils recèlent.

Les principaux matériaux utilisés dans le comport

Matériaux	Riches en azote	Très riches en azote	Riches en carbone	Très riches en carbone	Remarques
Déchets de table	◼				Privilégier les matières organiques de qualité biologique
Plantes adventices et résidus de jardin verts	◼				Évitez les plantes adventices montées en graines
Gazon coupé	◼				Utilisez un gazon non traité
Fumiers divers	◼				Voir la page 78 pour leur teneur en minéraux
Farine de plume et de poisson		◼			Saupoudrez au besoin sur des matières carbonées
Paille			◼		Excellent matériau pour l'aération du tas
Vieux foin			◼		Attention aux semences
Résidus de jardin ligneux			◼		Source importante de matière organique à l'automne
Feuilles mortes			◼		Matière difficile à humecter
Bran de scie				◼	En couches très fines
Terre ou vieux compost					Ils servent d'activateurs
Phosphate minéral					Pour le phosphore 10 kg/m^3
Basalte					Pour le potassium et le magnésium 10 kg/m^3
Farine d'algue					Pour les oligo-éléments 1 kg/m^3

On excluera toute plante malade du compost. Enfin, on n'utilisera pas de plantes portant des graines, car certaines semences survivent au processus de compostage et deviendraient des adventices au jardin, une fois le compost épandu.

Les matériaux les plus communément utilisés pour la fabrication du compost sont ceux qui résultent des activités de la maisonnée, soit les résidus de table et de cuisine, les rognures de gazon, les plantes adventices, les feuilles mortes et les résidus de jardin. On peut aussi se procurer du fumier, du foin et de la paille dans une entreprise agricole, du bois raméal fragmenté issu de la taille d'entretien des arbres situés sous les lignes téléphoniques et électriques et des arbres des parcs urbains et on peut prélever avec respect certaines plantes sauvages dans la nature. Ces matériaux améliorent la qualité du compost et permettent d'en augmenter le volume. Cependant, ils ne sont pas essentiels à sa production.

On peut aussi ajouter certaines matières au compost pour aider à sa décomposition ou améliorer sa valeur fertilisante. On utilise de la terre ou du vieux compost comme activateurs. On peut employer des purins végétaux ou de la farine de plume comme sources d'azote. Avec le phosphate minéral, on augmente la teneur du compost en phosphore, et avec le basalte, celle en potassium et en magnésium. On évitera d'ajouter des cendres de bois au compost, car elles causent des pertes d'azote.

Certains matériaux sont riches en azote, alors que d'autres le sont en carbone. Les matières azotées sont vertes et humides, alors que les matières carbonées sont brunes et sèches.

Pour fabriquer un compost de qualité, on doit créer un équilibre optimal entre ces deux types de matériaux. Le rapport idéal est, au volume, de deux parties de matière carbonée pour une partie de matière azotée, soit de 6 cm de matière carbonée pour 3 cm de matière azotée. Cette règle est essentielle à la réussite du compost.

Si on emploie trop de matières azotées, une partie de l'azote sera perdue sous forme de gaz ammoniacaux nauséabonds. Le tas s'affaissera et les matériaux auront une apparence visqueuse. La chaleur intense créée consumera les matériaux. Lorsque la quantité de matière carbonée est trop élevée, le tas ne chauffe pas suffisamment et la décomposition est plus lente.

Lors du montage du tas, on alterne une couche de 6 cm de matière carbonée avec 3 cm de matière azotée. Par exemple, on peut appliquer 6 cm de feuilles mortes, puis 3 cm de résidus de cuisine. Ce rapport est valable pour la plupart des matériaux, exception faite des matériaux extrêmes comme le bran de scie ou la farine de plume; ces matériaux, très carbonés ou très azotés, ne seront utilisés qu'en fines couches (pour la teneur en carbone et en azote des différents matériaux, voir le tableau précédent).

I L'air

La décomposition de la matière organique est le fait de l'activité de micro-organismes, principalement des bactéries et des champignons. Ces micro-organismes sont aérobies, c'est-à-dire qu'ils évoluent en présence d'air. On doit donc assurer au tas une aération suffisante de façon à permettre aux micro-organismes de mener leurs activités. On atteint cet objectif par un choix judicieux de matériaux et par la façon dont ils sont disposés.

La paille est creuse et recèle beaucoup d'air. Son utilisation à différents intervalles dans le tas favorise la présence d'air. On prendra soin de bien défaire les galettes avant de les incorporer au tas. On doit également fragmenter le fumier à l'aide d'une fourche de façon à réduire sa densité et à favoriser la présence d'air. En somme, il faut disposer les matériaux de sorte qu'ils soient poreux et aérés. On doit aussi éviter d'inonder les matières, car les excès d'eau nuisent à la présence d'air.

Le volume du tas joue sur la quantité d'air qu'il renferme. Un tas de compost devrait faire au minimum 1 m^3, sans limite de longueur. Pour les tas faits de matières plus denses comme les fumiers, on optera pour ce volume. Pour les tas formés de matières naturellement poreuses comme les feuilles ou les résidus de jardin grossiers, on peut augmenter le volume jusqu'à 2 m^3, sans limite de longueur.

Le retournement périodique du tas permet d'y introduire de l'air. Cette intervention est essentielle à la réussite du compostage.

L'eau

Pour assurer la décomposition des matières organiques, celles-ci doivent être humides, mais sans excès. Les matières azotées étant naturellement humides, on n'a pas à les arroser; ce sont seulement les matières carbonées qu'on doit humecter.

Le taux optimal d'humidité des matériaux est de 50 %. Lorsqu'on compresse les matériaux entre ses mains, si quelques gouttes d'eau s'en échappent, le taux d'humidité est bon. Si un filet d'eau s'en écoule, les matériaux sont trop humides. S'ils craquent sous la main, c'est qu'ils sont trop secs. La formation d'une mousse blanche sur les matériaux indique un taux d'humidité trop faible.

On humecte les matériaux lors du montage du tas avec une eau de qualité. En donnant au tas une forme de chapeau, on favorise la pénétration de l'eau de pluie à l'intérieur. Une fois que le taux d'humidité souhaité est atteint, on donne au tas une forme arrondie et on le recouvre de paille ou d'une bâche à compost de façon à le stabiliser.

L'équipement

Pour faire du compost, il faut une fourche à fumier pour brasser et retourner le compost, un tuyau d'arrosage muni d'un pistolet à débit réglable pour arroser les matériaux et une pelle ronde pour manipuler le produit fini. Une bâche à compost ou une simple toile sert à protéger le tas du soleil et de la pluie ainsi que de certains ravageurs.

La localisation du tas

Le compostage doit être conduit sur de la terre battue, libre de chiendent, car celui-ci se propage facilement dans le compost. Au soleil ou à l'ombre, idéalement protégé du vent, l'endroit doit être facilement accessible. Un point d'eau devrait se trouver à proximité.

En zone urbaine, pour des considérations esthétiques, mieux vaut monter le tas dans une boîte à compost, de préférence à deux compartiments. Les contenants commerciaux en plastique ne facilitent pas le compostage

à cause de leur volume restreint, à moins de broyer les matériaux. De plus, il est difficile d'y brasser la matière organique mis à part certains modèles rotatifs qui conviennent à ceux qui ne produisent que de petits volumes de matières organiques et à ceux qui jardinent sur leurs balcons.

Le contenant idéal serait une boîte de bois à deux compartiments, faite de planches de cèdre naturel légèrement espacées. Chaque compartiment devrait mesurer au moins 1 m³. Les planches qui séparent les deux compartiments peuvent être amovibles de façon à permettre un transfert facile de la matière organique d'un compartiment à l'autre. Le devant peut être fermé à l'aide d'un panneau ou tout simplement gardé ouvert. On peut aussi fabriquer une boîte à compost économique à l'aide de palettes de bois recyclées.

À la campagne, on monte les tas de compost tout simplement sur de la terre battue, ce qui facilite les retournements et la circulation de l'air. Par exemple, on peut monter le tas d'automne, après la récolte de l'ail ou des oignons, dans la section consacrée l'année suivante aux engrais verts. Ainsi, l'année après les engrais verts, le compost sera déjà rendu dans la section des plantes exigeantes, là où il doit être épandu. Voilà une excellente façon d'économiser temps et énergie.

La formation du tas

La première étape du montage du tas consiste à créer un lit de matières carbonées de 15 cm d'épaisseur avec des résidus de jardin grossiers, des feuilles mortes, des brindilles ou de la paille. Puis on accumulera en alternant 6 cm de matériaux carbonés et 3 cm de matériaux azotés, en tentant de varier les matières employées. On saupoudrera de la terre de jardin ou du vieux compost à tous les 30 cm de façon à inoculer le tas en micro-organismes. On doit humecter les matières carbonées au besoin.

On ajoute les matières organiques au tas de compost selon leur disponibilité ; on peut aussi monter un tas d'un seul coup, avec des matériaux accumulés au préalable. Une fois le tas monté, on le recouvre d'une bâche à compost ou de paille de façon à stabiliser son taux d'humidité et à prévenir le lessivage.

La production de matières organiques issues d'une maisonnée permet normalement le montage de deux tas par année : le premier, le tas de printemps (en formation jusqu'à la mi-août), et le second, le tas d'automne, une période où les matières organiques sont plus disponibles.

L'entretien du tas

Lorsque le tas de compost est monté selon les règles, on observe une élévation de température. Cette chaleur est provoquée par la prolifération des bactéries qui digèrent la matière organique. La température peut atteindre 60 °C au centre du tas. Elle demeure à ce niveau une dizaine de jours avant de redescendre graduellement. Selon la nature des matériaux employés et la dimension du tas, la température s'élèvera plus ou moins. Il n'est pas essentiel que la température atteigne 60 °C pour réussir son compost.

Un tas qui ne chauffe pas indique une carence en azote. On peut alors l'arroser avec du purin végétal concentré. On peut aussi y incorporer de la farine de plume ou de poisson ou du fumier déshydraté lors d'un retournement prématuré. Si le tas chauffe trop et que de fortes odeurs d'ammoniac s'en dégagent, c'est signe qu'il y a un excès d'azote. Le tas doit alors immédiatement être retourné de façon à lui intégrer de la matière carbonée. À cet effet, on peut utiliser des feuilles mortes, de la paille ou un peu de bran de scie.

De quatre à six semaines après la formation du tas, la température devrait s'être stabilisée à un niveau près de la température ambiante. Le temps est alors venu de le retourner à l'aide d'une fourche à fumier. Au cours de cette opération, on prend les matériaux qui étaient à l'extérieur du tas et on les place au centre du nouveau tas, de façon qu'ils soient digérés à leur tour par les bactéries. La température devrait encore s'élever pour se stabiliser à nouveau, de quatre à six semaines plus tard, à un niveau légèrement supérieur à celui de l'air ambiant. Les vers de terre commenceront alors à coloniser le tas. La matière organique d'origine est maintenant transformée en compost jeune que l'on peut déjà utiliser pour certaines cultures. À cette étape, on peut encore reconnaître quelques matériaux utilisés. Le compost jeune est plus riche en azote que le mûr, raison pour laquelle il convient bien aux plantes voraces.

Pour obtenir un compost plus mûr, on effectue un deuxième retournement, puis on laisse les vers de terre agir. Quelques mois plus tard, le compost aura une apparence terreuse ; il sera devenu friable et sentira bon. Le travail de décomposition est alors complété. Le compost est mûr et convient à toutes les plantes. Il est prêt à être appliqué au jardin. À cette étape, il est essentiel de le protéger du lessivage avec une bâche à compost.

Les ravageurs et les maladies

Certaines espèces d'insectes aiment pondre leurs œufs dans la matière organique en décomposition. Le compost représente l'endroit idéal pour leur ponte. C'est le cas du hanneton et de la noctuelle.

Les femelles des hannetons pondent leurs œufs au mois de juin. Leurs larves, qui atteignent près de 2,5 cm de longueur, ont le corps blanc et la tête orangée. Elles vivent deux années dans le sol et parasitent les racines de plusieurs plantes (voir la page 232).

Les noctuelles sont les papillons de nuit qu'on voit voleter autour des lampadaires durant les chaudes soirées de fin d'été. Les femelles pondent leurs œufs en août et en septembre dans le compost ou directement dans le sol. Le printemps suivant, les œufs se transforment en larves, communément appelées vers gris ; les larves peuvent causer des ravages importants aux jeunes plants (voir la page 229).

Pour éviter les problèmes dus à ces ravageurs, il faut protéger le tas de compost à l'aide d'une toile au moment de la ponte. À cet effet, on devrait utiliser une toile qui respire : une bâche à compost, un géotextile ou une vieille toile recyclée.

Les virus et les bactéries qui contaminent parfois certains végétaux sont théoriquement détruits par le processus de compostage. Cependant, les spores de champignons ne sont pas neutralisées. Donc, en aucun cas, on n'incorporera des plantes atteintes de maladie fongique au tas de compost. Par mesure préventive, il serait plus sage d'éviter l'ajout de toute plante malade au compost.

L'utilisation du compost

Les quantités de compost appliquées varient en fonction de la texture du sol et de la culture planifiée. On applique normalement le compost au printemps ; en terrain argileux, on peut l'apporter à l'automne. Les quantités nécessaires sont plus importantes en sol sableux qu'en sol argileux.

Selon les plantes cultivées, le type et la quantité de compost à utiliser varient (voir le prochain tableau). Les plantes voraces, comme le maïs, les tomates et les concombres, apprécient du compost jeune, en abondance. Les choux, les laitues et les poireaux préfèrent recevoir du compost mûr.

On applique de 1 à 1,5 tonne de compost aux 100 m² pour les cultures exigeantes, alors qu'une demi-tonne suffit aux plantes frugales ce qui équivaut à 2 cm pour les plantes exigeantes et à 1 cm pour les frugales.

Les besoins en compost des principales plantes légumières

Compost mûr

* Ail	– Haricot
+ Asperge	+ Laitue
* Basilic	+ Melon
+ Bette à carde	– Navet
* Betterave	* Oignon
+ Brocoli	* Pomme de terre
– Carotte	* Panais
+ Céleri	+ Persil
+ Céleri-rave	+ Poireau
+ Chicorée	– Pois
+ Chou	* Poivron
+ Épinard	* Radis
+ Fraise	– Rutabaga

Compost jeune

+ Artichaut
+ Aubergine
+ Concombre
+ Courge
+ Courgette
+ Citrouille
+ Maïs
* Rhubarbe
+ Tomate

+ : Plante exigeante
* : Plante moyennement exigeante
– : Plante peu exigeante

On applique le compost en conformité avec le plan de rotation des cultures (voir la page 117). On incorpore toujours le compost au sol superficiellement car, laissé en surface, il peut perdre jusqu'à 50 % de son azote. Pour l'enfouir, on emploie une griffe ou une motobêcheuse, passée en surface. On n'enfouit jamais le compost à plus de 10 cm de profondeur.

Pour faciliter le dosage, rappelons qu'une brouette de compost pèse plus ou moins 50 kg et qu'une tonne de compost équivaut à une vingtaine de brouettes.

Chapitre 8

Les engrais verts

Les engrais verts sont des cultures
destinées à être enfouies dans le sol
afin d'en augmenter la fertilité[1].
La culture d'engrais verts
comporte de nombreux avantages.
Elle permet entre autres
de préparer un nouveau terrain.
Cultivés cycliquement, les engrais
verts reposent, enrichissent et
assainissent la terre. Établis
en automne, ils protègent le sol
de l'érosion et du lessivage
et en préservent la structure.

Cultivés en association avec les légumes, les engrais verts limitent la compétition, stimulent la vie microbienne et réduisent l'évaporation. En somme, ils complètent à merveille un emploi judicieux de compost. Leur seul inconvénient, c'est la surface qu'ils monopolisent pour leur culture. Si la surface disponible ne permet pas de cultiver des engrais verts sur une section du jardin pendant une année entière, on peut les cultiver après des cultures, ou encore en association avec certaines plantes.

Les engrais verts pour préparer un nouveau terrain

La culture intensive d'engrais verts permet de libérer efficacement une parcelle de terrain de sa végétation. Pour ce faire, on doit, dès la fin de l'été, étouffer la végétation de surface en la couvrant d'une toile ou d'un épais paillis organique composé de feuilles mortes recouvertes de paille. On peut aussi retourner le sol à l'aide d'une fourche à bêcher ou d'une pelle ronde. Le printemps suivant, on retire la toile ou le paillis qu'on peut laisser en bordure du jardin pour l'utiliser plus tard dans la saison ; après un travail du sol manuel ou mécanique, on établit un engrais vert. Pour éliminer la végétation et assainir le sol, le sarrasin convient bien.

Pour les plus grandes surfaces, la méthode classique consiste à effectuer un labour d'automne et deux hersages printaniers, puis à établir du sarrasin qui sera suivi d'une céréale en automne. Le seigle résiste au gel hivernal, alors que l'avoine et l'orge meurent durant l'hiver. Morte ou vivante, la céréale sera enfouie le printemps suivant.

Les engrais verts intégrés dans la rotation

Afin de mieux profiter de la technique des engrais verts, on les cultive pendant une année entière dans une section du jardin. Ainsi, lors de l'élaboration du plan de rotation, on réservera une section pour la culture intensive d'engrais verts. Par exemple, avec un plan de rotation sur quatre années, on peut consacrer le quart du jardin à la culture d'engrais verts. Après quatre années, toutes les surfaces auront bénéficié du traitement. De nouvelles espèces pourront alors être cultivées pendant quatre autres années et ainsi de suite.

Pour maximiser les bienfaits de la technique, on établira plusieurs cultures en succession durant une même saison. Tôt au printemps, on peut semer de la féverole qui sera suivie à la fin de juin par une culture de sarrasin qu'on enfouira en août ; puis on établit une céréale qui couvrira le sol durant tout l'automne. On enfouira la céréale ou ses résidus le printemps suivant, avant l'établissement des cultures exigeantes. Du trèfle rouge peut succéder à de l'avoine, de même que de la phacélie peut suivre une culture de tournesol ou d'avoine. De la féverole peut succéder à une culture de légumes feuilles (épinard, moutarde, roquette, chicorée par exemple), puis être suivie par une céréale. On peut aussi mélanger différentes espèces. Du tournesol mêlé à des pois peut être suivi par de la féverole et du sarrasin, puis d'un mélange de céréales en fin d'été. L'imagination du jardinier est la seule limite aux expériences possibles.

Les engrais verts après une culture

Lorsqu'on ne dispose pas de suffisamment d'espace pour cultiver des engrais verts sur une année entière, on peut aussi cultiver des engrais verts après les cultures de légumes. Ainsi, sur les surfaces ayant été l'hôte de cultures hâtives comme la laitue, le radis, le pois, l'épinard, l'ail et l'oignon, on peut établir un engrais vert en fin d'été ; ainsi, on conserve au sol une couverture végétale jusqu'à la fin de la saison. On peut opter au début d'août pour n'importe quelle espèce. Le sarrasin convient tout comme la féverole et le trèfle rouge. À partir de septembre, il est trop tard pour le sarrasin et le trèfle. La féverole, l'orge, l'avoine et le seigle sont mieux indiqués pour un semis tardif.

La culture d'engrais verts en association

Dans la nature, le sol n'est jamais à nu. En imitant la nature, on crée des conditions optimales pour la vie du sol et la croissance des végétaux. Les engrais verts établis en cultures intercalaires protègent et stimulent la vie microbienne, tout en réduisant l'évaporation dans le cas du trèfle blanc. Pour que la culture intercalaire n'entre pas en compétition avec la plante cultivée, on doit choisir la bonne espèce et l'établir au bon moment.

Les cultures légumières qui se prêtent le mieux à cette technique sont les choux, le maïs, les tomates, les aubergines et les poivrons. C'est le trèfle blanc qui entre le moins en compétition sur le plan hydrique avec les cultures. On peut avantageusement employer le trèfle rouge avec le maïs.

La technique consiste à semer le trèfle une fois que le légume est bien établi, donc deux semaines après la transplantation des choux, des tomates, des aubergines ou des poivrons. Dans le cas du maïs, on doit attendre qu'il ait atteint une vingtaine de centimètres avant d'établir le trèfle rouge. Après un binage, on sème les graines à la volée, puis on enfouit les semences à la griffe ou au râteau. Une fois la récolte faite en fin d'été ou à l'automne, faute de compétition, le trèfle prendra de la vigueur et couvrira le sol tout l'automne durant. On l'enfouira le printemps suivant.

Enfin, on peut, à partir de la fin d'août, établir de l'orge ou de l'avoine entre toutes les plantes vivaces et annuelles (herbes, légumes ou fleurs). On crée ainsi un couvre-sol qui protègera le sol de l'érosion et du lessivage tout en prévenant l'installation des plantes adventices. Le printemps suivant, on incorpore le tapis d'orge ou d'avoine jauni avec le premier binage.

L'établissement de l'engrais vert

On établit les engrais verts en semant les graines à la volée, selon le taux de semis recommandé à la fin de ce chapitre. Le défi consiste à uniformiser la densité du semis. Une fois le semis fait, on enfouit la semence superficiellement à l'aide d'une griffe. Pour les plus grandes surfaces, on peut passer superficiellement une motobêcheuse.

L'enfouissement

La motobêcheuse enfouit efficacement les engrais verts, pourvu que les végétaux ne soient pas trop âgés et trop ligneux. Il faut toutefois un modèle dont les dents sont placées à l'arrière et dont la traction est indépendante de celle des roues.

Les petites surfaces ne justifiant pas la location ou l'achat d'une motobêcheuse, on peut enfouir les engrais verts manuellement en les taillant d'abord à l'aide d'une cisaille bien affûtée, puis en retournant la terre à l'aide d'une fourche à bêcher.

Qu'on opte pour une motobêcheuse ou une fourche, on ne doit pas enfouir les engrais verts à plus de 10 cm de profondeur. On les enfouit normalement avant qu'ils ne deviennent trop ligneux.

Les principales espèces cultivées comme engrais verts

Plusieurs espèces peuvent être cultivées comme engrais verts. La plupart sont des légumineuses ou des céréales. On peut aussi opter pour de la phacélie, du tournesol ou pour un mélange de légumes feuilles qu'on récoltera en partie avant l'enfouissement.

Les plantes adventices qui se développent dans un sol donné reflètent sa teneur minérale; leur présence permet de corriger des déséquilibres. On peut donc les laisser évoluer naturellement, puis les enfouir avant leur floraison. Mais généralement, l'engrais vert est une culture qu'on établit. Voici les principales espèces qu'on cultive comme engrais verts dans les jardins.

Le sarrasin (*Fagopyrum esculentum*)

Le sarrasin est la plante la plus efficace pour étouffer les plantes adventices. Son temps de croissance comme engrais vert est de 30 à 40 jours. On l'enfouit durant la floraison. Ses fleurs attirent de nombreux insectes utiles.

Le sarrasin est sensible au gel; on doit donc le semer une fois que les risques de gel sont passés.

Taux de semis : 2 kg/100 m²

L'avoine (*Avena sativa*)

L'avoine est une céréale rustique, bien adaptée aux conditions froides. Elle croît dans tous les types de sol. Tolérante au gel, on peut la semer tôt au printemps, ou encore à la fin de l'été comme engrais vert d'automne. La céréale constitue un excellent choix comme espèce intercalaire d'automne ; on la sème alors à la fin d'août. La céréale ne survit pas à l'hiver.

Taux de semis : 2 kg/100 m^2

L'orge (*Hordeum vulgare*)

L'orge croît dans tous les types de sol mais tolère mal l'acidité. Puisque la céréale résiste au froid, on la sème tôt au printemps ou à la fin de l'été comme engrais vert d'automne. L'orge constitue un excellent choix comme espèce intercalaire d'automne ; on le sème alors à la fin d'août. Il ne survit pas à l'hiver.

Taux de semis : 2 kg/100 m^2

Le seigle (*Secale cereale*)

Le seigle, en plus de prévenir efficacement le lessivage, protège le sol de l'érosion éolienne et hydrique et bonifie la structure du sol. On peut le semer sur toute parcelle libre à la fin d'août ou au début de septembre. Le seigle survit aux rigueurs de l'hiver. On l'enfouit au printemps, deux à trois semaines avant l'établissement des cultures. La céréale est cependant difficile à détruire : deux ou trois passages à la motobêcheuse ou deux retournements à la fourche sont nécessaires pour en venir à bout ; c'est la raison pour laquelle plusieurs lui préfèrent comme engrais vert d'automne l'orge ou l'avoine, des céréales qui ne survivent pas à l'hiver.

Taux de semis : 2 kg/100 m^2

La phacélie (*Phacelia minor, P. campanularia* ou *P. tanacetifolia*)

La phacélie est l'engrais vert qui apporte le plus de matière organique au sol. En fleur, elle attire une vaste gamme d'insectes utiles. Comme elle est sensible au gel, on l'établit une fois que les risques de gel sont passés. Elle peut suivre une culture de féverole et être ainsi laissée en place jusqu'à l'hiver. On peut aussi l'enfouir en août, puis semer une céréale.

Taux de semis : 100 g/100 m^2.

La féverole (*Vicia faba*)

Très proche de sa cousine la gourgane, la féverole permet d'enrichir le sol en azote grâce aux bactéries fixatrices d'azote atmosphérique du genre *Rhizobium*, déjà présentes dans les sols, qui se fixent naturellement sur les racines, à l'intérieur de nodosités blanches (voir la photo ci-haut). La légumineuse est facile à cultiver. Elle tolère le gel et s'enfouit facilement. On peut la semer dès le début de mai. On peut aussi l'associer à des céréales. Son temps de croissance varie de 40 à 50 jours.

Taux de semis : de 2 à 3 kg/100 m²

Le trèfle blanc (*Trifolium repens*)

Le trèfle blanc est la plante idéale pour les cultures associées. Semé quelques semaines après l'établissement des légumes, il étouffe la compétition, stimule l'activité microbienne et réduit l'évaporation du sol. Laissé au sol après la récolte, il devient un engrais vert d'automne qui ne sera enfoui que le printemps suivant, deux semaines avant l'implantation des cultures. La légumineuse permet une bonne fixation d'azote atmosphérique grâce aux rhizobiums qui s'y associent. Pour assurer une bonne fixation d'azote, on mêle aux semences, au moment du semis, l'inoculant contenant la bactérie *Rhizobium trifolii*.

Taux de semis : de 150 à 200 g/100 m^2

Le trèfle rouge (*Trifolium pratense*)

Le trèfle rouge constitue un excellent engrais vert de fin d'été. On peut le semer jusqu'à la fin de juillet, puis on le laisse en culture jusqu'au printemps suivant. On peut l'associer à une céréale. La légumineuse s'associe bien avec le maïs et le tournesol. Pour maximiser la fixation d'azote, on ajoutera à la semence l'inoculant contenant la bactérie *Rhizobium trifolii*.

Taux de semis : 250 g/100 m^2

La moutarde (*Brassica nigra*)

La moutarde est une plante de la famille des crucifères. Elle améliore la circulation du phosphore dans le sol. On ne doit pas la laisser monter en graines. On peut l'associer avantageusement à d'autres légumes feuilles pour produire du mesclun qui servira d'engrais vert.

Taux de semis : de 100 à 150 g/100 m^2.

L'épinard (*Spinacia oleracea*)

On peut cultiver l'épinard comme engrais vert de printemps. On peut récolter une partie de ses feuilles avant son enfouissement. On peut aussi l'associer à d'autres légumes feuilles pour produire du mesclun avant l'enfouissement.

Taux de semis : 250 g/100 m^2.

Le tournesol (*Helianthus annuus*)

Le tournesol produit une masse importante de matière organique. On ne doit pas l'enfouir trop âgé, sinon l'opération peut s'avérer ardue.

Taux de semis : de 300 à 500 g/100 m^2.

---

1. Cette définition est de Claude Aubert.

Chapitre 9

La rotation des cultures

La rotation des cultures est une technique qui consiste à faire se succéder sur une surface donnée des plantes aux caractéristiques et aux exigences différentes, et ce sur le plus grand nombre d'années possible. En appliquant cette technique, on assure au sol un équilibre minéral à long terme, on prévient les problèmes de maladies et d'insectes et on rationalise l'emploi du compost et des engrais.

L'application de la technique

Selon le terrain et les cultures planifiées, on peut opter pour un plan de rotation sur trois, quatre ou même cinq ans. Pour ce faire, on doit diviser l'espace de culture en trois, quatre ou cinq sections qui seront en rotation les unes avec les autres. Une rotation sur trois ans devient une rotation sur six ans lorsqu'on divise chacune des trois sections en deux sous-sections qu'on intervertit après le premier cycle de trois ans. De la même façon, une rotation sur quatre ans devient une rotation sur huit ans. Il est généralement admis qu'un intervalle de 5 ans pour un même légume ou un légume de même type permet d'atteindre les objectifs de la technique.

En régie biologique, on intègre souvent dans la rotation une section en culture intensive d'engrais verts, ce qui permet de reposer, d'assainir et

Quelques exemples de successions

	Culture simple	Culture simple	Cultures associées	Cultures associées
1ère année Apport de compost jeune	Tomate	Concombre	Tomate, aubergine	Maïs, courges
2e année Apport de compost mûr	Chou vert	Poireau	Laitue, brocoli	Céleri, chou
3e année Aucun apport de compost	Carotte	Rutabaga	Pomme de terre, haricot	Betterave, panais
4e année Engrais vert sans compost	Féverole, sarrasin, seigle	Avoine, trèfle rouge	Phacélie, seigle d'automne	Épinard, tournesol, orge

d'enrichir la terre. Toutefois, si on ne dispose que d'un petit terrain, on peut établir les cultures d'engrais verts une fois la récolte effectuée ou encore en culture intercalaire (voir le chapitre sur les engrais verts, à la page 107).

Pour organiser la rotation au potager, on tient compte de trois facteurs : l'exigence en compost de l'espèce cultivée, sa famille et sa forme végétative.

L'exigence en compost des espèces cultivées

On cultive en tête de rotation les plantes voraces, soit celles qui apprécient du compost jeune, en abondance. Ce sont le maïs, les tomates, les aubergines, les artichauts, les courges et les concombres. La deuxième année, suivent les végétaux exigeants en compost mûr. Ce sont principalement les légumes feuilles : les laitues, les chicorées, les épinards, les poireaux, les céleris et tous les choux. Puis, les plantes frugales terminent le cycle de la rotation; aucun nouvel apport de compost n'est alors nécessaire, car la matière organique résiduelle répond amplement aux besoins des carottes, des oignons, des betteraves, des haricots et des pois. Cependant, les premières années de culture, on peut apporter de petites doses de compost à ces cultures afin de nourrir la terre et d'assurer une bonne productivité. Pour connaître les exigences en compost des différents légumes, veuillez vous référer au tableau de la page 103.

Ainsi, pour une rotation sur quatre ans, des tomates pourraient être suivies par des choux, qui seraient suivis par des carottes, puis par une culture d'engrais vert la dernière année (voir le plan de jardin à la page 120). On pourrait aussi clore la rotation par une culture de pois ou de haricots. De même, on pourrait organiser une succession de concombre, poireau, rutabaga et engrais vert. Dans les deux cas, du compost jeune serait apporté la première année, du compost mûr la deuxième; aucun apport ne serait fait la troisième ni la quatrième année.

Les doses de compost varient de 500 kg à 1,5 tonne aux 100 m^2 par apport, ce qui équivaut à de 1 à 2,5 cm sur les surfaces en culture.

La famille des espèces cultivées

Afin de prévenir le parasitisme et les déséquilibres d'ordre minéral dans le sol, on doit faire se succéder des plantes de familles différentes.

Comme les plantes membres d'une même famille ont des besoins nutritifs similaires et comme elles sont la plupart du temps victimes des mêmes maladies et ravageurs, en variant les familles, le jardinier atteint les objectifs de la technique et peut même régler définitivement certains problèmes. Pour connaître la famille des principales espèces légumières, veuillez vous référer au prochain tableau.

La forme végétative des espèces cultivées

Parmi les légumes, on trouve différentes formes végétatives. Par forme végétative on entend la partie pour laquelle on cultive une plante. Ainsi, la tomate est un légume fruit, tout comme le haricot et le concombre. La pomme de terre est un légume racine, de même que la carotte et le céleri-rave, alors que le chou, la laitue et l'épinard sont des légumes feuilles. On peut nuancer cette classification sommaire en considérant le brocoli et l'artichaut comme des inflorescences, le céleri comme une tige et la pomme de terre comme un tubercule.

Comme les besoins nutritifs d'une plante sont aussi liés à sa forme végétative, on tentera de varier les formes végétatives dans la succession afin de diminuer les risques de déséquilibre minéral dans le sol. Ainsi, après le chou, on choisira la carotte plutôt que le rutabaga, tout comme après le céleri-rave, on optera pour le haricot ou le pois plutôt que pour la carotte ou le panais.

Le plan de rotation

Afin de suivre l'application de la technique dans le temps, il faut chaque année coucher sur papier le plan du jardin sur lequel sera indiqué l'emplacement des différentes cultures ainsi que les applications de compost et d'engrais. Ainsi, on peut, selon ses observations et ses besoins, améliorer son plan ou intégrer de nouvelles espèces au jardin, sans déroger aux fondements de la technique.

Les familles et les formes végétatives des principales espèces légumières

Familles	Formes végétatives		
	Racine	Feuille	Fruit et grain
Chénopodiacées	Betterave	Bette à carde, épinard	
Composées Astéracées	Salsifis	Artichaut*, chicorée, laitue	
Liliacées		Asperge, ail, ciboulette, oignon, poireau	
Solanacées	Pomme de terre		Aubergine, tomate, poivron, piment, cerise de terre
Ombellifères Apiacées	Carotte, céleri-rave, panais	Aneth, céleri, cerfeuil, coriandre, fenouil, persil	Anis, carvi, coriandre (graine)
Cucurbitacées			Citrouille, concombre, courge, melon, zucchini
Crucifères Brassicacées	Rutabaga, navet, radis, raifort	Brocoli*, chou, chou de Bruxelles, chou-fleur*, chou-rave, cresson	
Légumineuses Fabacées		Luzerne, trèfle	Fève, haricot, lentille, pois, féverole, soja
Labiées		Basilic, sarriette, thym	
Graminées Poacées			Maïs

* La partie comestible de ces plantes est en réalité une inflorescence. Comme leurs exigences se rapprochent de celles des légumes feuilles, elles sont classées dans cette catégorie.

**Plan de rotation simple de 4 ans sur une surface de 25 m²
divisée en 4 sections subdivisées chacunes en 2 parties**

1ère année

	Tomate
Engrais verts	Concombre
Carotte	Chou
Rutabaga	Poireau

5 m (vertical) — 5 m (horizontal)

2e année

Tomate	Chou
Concombre	Poireau
Engrais verts	Carotte
	Rutabaga

3e année

Chou	Carotte
Poireau	Rutabaga
Tomate	Engrais verts
Concombre	

4e année

Carotte	Engrais verts
Rutabaga	
Chou	Tomate
Poireau	Concombre

5e année

Engrais verts	Concombre
	Tomate
Rutabaga	Poireau
Carotte	Chou

6e année

Concombre	Poireau
Tomate	Chou
Engrais verts	Rutabaga
	Carotte

Les tomates et les concombres reçoivent toujours 2 cm de compost jeune alors que les choux et les poireaux reçoivent 1 cm de compost mûr.

Les règles de la rotation des cultures peuvent paraître à priori, cartésiennes et contraignantes. Mais une fois qu'elles sont bien intégrées, elles guident efficacement le jardinier dans sa planification tout en lui permettant de créer des jardins originaux, productifs et libres d'infestations sévères et récurrentes.

Chapitre 10

Le compagnonnage au jardin

Lorsqu'on prend la décision
d'opter pour la culture écologique, on doit considérer
son jardin comme un microcosme
à l'intérieur duquel toutes
les composantes sont en relations
étroites et constantes. La somme
de ces interactions fait en sorte
que le milieu se comporte comme
un véritable corps vivant,
disposant de ses propres
mécanismes de défense,
garants de son équilibre
et de son intégrité.

123

La clef de cet équilibre repose sur la diversité végétale du jardin qui assure sa biodiversité. Par diversité végétale, on entend les fruits et les légumes du potager, les fleurs, les plantes aromatiques et médicinales qu'on y intègre ainsi que les fleurs, les arbustes et les arbres, indigènes ou cultivés, installés sur son pourtour.

Les arbres et les arbustes attirent les oiseaux, qui y nichent et s'y alimentent. Ceux-ci, surtout lorsqu'ils élèvent leurs oisillons, sont de voraces prédateurs. On sait par exemple que 98 espèces d'oiseaux consomment le ver gris, 145, les cicadelles et 205, les larves du taupin. Une paruline dévore jusqu'à 3 500 pucerons l'heure.

Un plan d'eau invite plusieurs espèces d'oiseaux. Il favorise la présence d'insectes bénéfiques comme les demoiselles et les libellules et assure celle de batraciens, dont les crapauds qui sont de redoutables consommateurs de vers gris et de limaces. Une grande diversité de fleurs attire quantité d'insectes dont la grande majorité est bénéfique pour le jardin, assurant la pollinisation des fleurs tout en contrôlant de nombreuses espèces potentiellement nuisibles. Citons le syrphe, un diptère qui ressemble à une guêpe au vol stationnaire et qui se nourrit du pollen et du nectar de nombreuses fleurs. Ses larves carnassières se délectent de pucerons, de chenilles, d'acariens, de psylles et d'aleurodes. La guêpe parasitoïde, un hyménoptère long et effilé, s'alimente également de nectar de fleurs. Elle pond ses œufs dans le corps de chenilles, de pucerons ou de thrips. Une fois les œufs éclos, les larves se nourrissent de leur hôte.

On comprendra que plus la biodiversité est importante, plus les populations d'auxiliaires sont élevées et meilleures sont les chances d'atteindre un équilibre écologique. Les contrôles s'effectuent alors naturellement sans l'intervention du jardinier. Si celui-ci doit intervenir pour contrôler une population nuisible, il utilisera des méthodes douces qui n'affecteront pas la biodiversité : récolte manuelle, barrière physique ou insecticides sélectifs et naturels.

La diversité végétale offre aussi l'avantage de perturber le système de repérage des insectes nuisibles en créant une confusion visuelle et olfactive. À cet égard, les plantes à odeur forte, comme les herbes aromatiques, sont très efficaces, surtout lorsqu'elles sont placées en association intime avec les légumes. Question couleur, on était porté à croire que les teintes vives étaient les plus efficaces pour miner le repérage des ravageurs. Or, de récentes études réalisées au Horticulture Research International de Warwick, en Angleterre, ont révélé l'importance des surfaces vertes autour de plants de choux de Bruxelles : « Elles offrent de nombreux sites d'atterrissage aux ravageurs, qui auraient ainsi moins de chances de se poser sur leurs plantes hôtes[1]. » Malgré l'importance des surfaces vertes, les jardiniers ne doivent pas cesser pour autant de planter entre leurs légumes des fleurs à coloration vive, telles que les tagètes, les soucis ou les capucines. Ces plantes compagnes classiques exercent toujours un rôle bénéfique dans la prévention du parasitisme et l'équilibre du jardin.

Comme le démontre le prochain tableau, des chercheurs britanniques ont constaté que le trèfle, lorsqu'il est semé en association avec des choux, réduit substantiellement la ponte des ravageurs du chou. Le trèfle blanc (*Trifolium repens*) constitue le meilleur choix car, étant plus court que les autres espèces de trèfle, il entre moins en compétition avec les choux sur le plan hydrique et nutritif (voir la page 112).

Indications sur la réduction du nombre d'œufs sur les crucifères cultivées en association avec du trèfle en rapport avec des choux seuls cultivés sur sol nu

Ravageur	Espèce	% de réduction
Mouche du chou	Chou de Bruxelles	de 69 à 85 %
Noctuelle du chou	Chou de Bruxelles	94 %
Piéride du chou	Chou vert	100 %
	Chou-fleur	de 92 à 100 %
	Chou de Buxelles	71 %
Puceron cendré du chou	Chou vert	de 78 à 95 %
Pyrale des crucifères	Chou de Bruxelles	65 %
Teigne des crucifères	Chou vert	de 42 à 47 %
	Chou de Bruxelles	de 30 à 46 %

Résultats d'études britanniques publiés dans la revue *Les Quatre Saisons du jardinage*, n° 140, p. 31.

Le compagnonnage, une affaire de logique

Lorsqu'on a bien compris les fondements de la biodiversité, il faut organiser les cultures de façon à maximiser la productivité du jardin. On doit en premier lieu appliquer les règles de la rotation des cultures, qui l'emportent sur celles du compagnonnage (voir le chapitre précédent).

Tout en élaborant son plan de jardin selon les règles de la rotation, on verra à appliquer les principes suivants :

- Associer des plantes d'exigence similaire, ce qui facilite la fertilisation.
- Combiner des plantes de familles différentes, ce qui permet de créer de la confusion pour les ravageurs au potager en mélangeant teintes et odeurs. De plus, les légumes ainsi associés n'entrent pas en concurrence les uns avec les autres, car les plantes de familles différentes ont des besoins nutritifs différents.
- Marier des plantes de formes végétatives différentes, ce qui réduit également la compétition entre les légumes.

Pour compléter le tableau, il faut ensuite intégrer les plantes compagnes au jardin. On choisira des plantes aromatiques et médicinales ainsi que certaines fleurs qu'on intercalera entre les plants, au bout des rangs ou sur le pourtour du jardin. Pour créer les meilleures associations, on peut consulter le tableau de compagnonnage à la fin du présent chapitre.

Un compagnonnage bien mené optimise la productivité du jardin tout en créant une couverture végétale qui réduit la présence des adventices. Il faut cependant faire attention de ne pas créer une trop forte densité qui générerait une compétition néfaste aux rendements, en plus de réduire la circulation d'air, nécessaire à l'assèchement des feuilles le matin ou après la pluie. Une humidité prolongée ouvre la voie au développement des maladies fongiques, un problème qu'il vaut toujours mieux prévenir que guérir.

---

1. Pépin, Denis. « Plantes compagnes. Comment ça marche ? », *Les Quatre Saisons du Jardinage*, mai-juin 2003, p. 30.

Le compagnonnage

Le compagnon est une bonne association, l'ami joue un rôle spécifique alors que l'ennemi constitue une association néfaste.

Ail
Compagnons : laitue, oignon, carotte, betterave.
Ennemis : haricot, pois.

Artichaut
Compagnons : aubergine, concombre, courgette.

Asperge
Compagnons : radis, laitue, chicorée, épinard, moutarde, roquette.

Aubergine
Compagnons : artichaut, concombre, courgette.

Bette à carde
Compagnons : laitue, chicorée, moutarde, roquette, tous les choux.

Betterave
Compagnons : oignon, carotte, rutabaga, panais, pois, haricot, poivron, tous les choux.

Carotte
Compagnons : poivron, haricot, pois, pomme de terre, betterave, rutabaga, panais.
Amis : l'oignon, l'échalote, la coriandre, la sauge et le romarin en éloignent la mouche de la carotte. Le radis aide à la germination et marque le rang.

Céleri
Compagnons : poireau, laitue, chicorée, roquette.
Ami : les choux en améliore la qualité.

Céleri-rave
Compagnons : poireau, laitue, chicorée, moutarde, roquette, tous les choux.

Chicorées
Compagnons : laitue, tous les choux, épinard, moutarde, roquette, betterave, panais, céleri.

Choux (tous)
Compagnons : céleri, laitue, épinard, betterave, bette à carde, poireau, poivron, moutarde, roquette.
Amis: le thym et la sauge en éloignent la piéride.

Concombre
Compagnons : maïs (au nord ou à l'ouest), artichaut, aubergine, tomate, aneth.
Ami : la marjolaine le protège des insectes.

Courge et citrouille
Compagnon : concombre.
Amis : le maïs au nord ou à l'ouest les protège du vent. La marjolaine les protège des insectes.
Ennemis : pomme de terre, choux, tomate.

Le compagnonnage (suite)

Épinard   *Compagnons :* asperge, laitue, chicorée, choux.

Haricot et fève   *Compagnons :* pomme de terre, betterave, carotte, rutabaga, panais.

Ennemis : ail, oignon, échalote, poireau, fenouil.

Laitue   *Compagnons :* tous les choux, épinard, chicorée, moutarde, betterave, poivron, céleri, asperge.

Maïs   *Compagnons :* courge, citrouille, concombre, melon.

Ami : le trèfle rouge en stimule la croissance.

Melon   *Compagnons :* maïs, courge, citrouille, concombre.

Ami : la marjolaine le protège des ravageurs.

Oignon   *Compagnons :* betterave, panais, carotte, rutabaga, poivron.

Poireau   *Compagnons :* céleri, céleri-rave, laitue, moutarde, roquette, chicorée, tous les choux.

Pois   *Compagnons :* rutabaga, haricot, carotte, betterave, radis, pomme de terre, poivron.

Ennemis : ail, oignon, poireau, ciboulette.

Poivron   *Compagnons :* carotte, oignon, rutabaga, betterave, pois, haricot, panais, tous les choux.

Pomme de terre   *Compagnons :* pois, betterave, carotte, rutabaga, panais.

Ami : le haricot nain en stimule la croissance et en éloigne le doryphore.

Radis   *Compagnons :* carotte, betterave, rutabaga, panais, haricot, pois, laitue, tous les choux, asperge.

Rutabaga et navet *Compagnons :* pois, haricot, betterave, carotte, panais, pomme de terre, poivron.

Tomate   *Compagnons :* artichaut, aubergine, concombre, courgette, persil.

Amis : l'œillet d'Inde en éloigne les nématodes, le basilic en améliore la saveur.

Ennemis : maïs, pomme de terre, courge d'hiver, citrouille.

Des amis particulièrement utiles dans le jardin

Alyssum
L'alyssum annuel ou vivace attire de nombreux insectes pollinisateurs et prédateurs.

Bourrache
La bourrache attire une vaste panoplie d'insectes pollinisateurs et éloigne certains ravageurs.

Camomille
La camomille joue un rôle insectifuge sur plusieurs ravageurs.

Capucine
La capucine attire les pucerons ainsi que ses principaux prédateurs.

Coriandre
Tout comme la plupart des ombellifères, la coriandre attire plusieurs espèces de guêpes parasitoïdes qui permettent de contrôler de nombreux ravageurs.
La coriandre, semée dans les rangs de carottes, en éloigne la mouche de la carotte.

Cosmos
Les cosmos attirent de nombreux insectes utiles et repoussent certains ravageurs.

Œillet d'Inde
L'œillet d'Inde éloigne les nématodes.

Sarrasin
Le sarrasin attire les insectes bénéfiques.

Sauge
La sauge brouille le système de repérage des ravageurs.

Souci
Le souci est un bon compagnon pour les choux.

Thym
Le thym brouille le système de repérage des ravageurs.

Trèfle blanc
Le trèfle blanc est un excellent engrais vert intercalaire.

Chapitre 11

Le choix des semences

Pour produire des fruits
et des légumes de qualité, le sol et
la régie revêtent une grande
importance, mais il ne faut pas
sous-estimer le facteur génétique.
Malgré sa petite taille, la semence
contient toutes les informations
qui définiront la forme de la
future plante, sa vigueur,
sa sensibilité au parasitisme,
sa teneur minérale et sa vitalité.

Il faut donc prêter une attention particulière au choix des cultivars ainsi qu'à la qualité des semences. Mais on doit d'abord déterminer les espèces qui prendront racine dans le jardin.

Le choix des espèces

Les facteurs à considérer dans le choix des espèces sont plus nombreux qu'il n'y paraît. Le goût et les besoins alimentaires des membres de la maisonnée constituent le principal, mais on doit aussi tenir compte de l'espace disponible, du climat, du parasitisme et de l'expérience du jardinier. Lorsque l'espace est limité, on délaissera maïs, pommes de terre et courges d'hiver au profit des oignons, des poireaux, des laitues, des tomates et des choux, des espèces plus productives en rapport avec la superficie utilisée.

Il faut aussi arrimer le temps de croissance des légumes avec la zone de rusticité. Ainsi, il est difficile d'obtenir dans les régions du nord d'abondantes récoltes de poivrons, de melons et d'aubergines, à moins de tricher en utilisant des abris ; les radis, les pois, les laitues, les carottes, les betteraves, les oignons et les choux conviennent mieux à des conditions septentrionales.

La présence d'insectes et de maladies dans le milieu de culture joue également sur le choix des espèces. Pour régler un problème à la source, on peut abandonner la culture des végétaux qui sont victimes de problèmes récurrents.

Enfin, un néophyte ne devrait pas se lancer dans des cultures difficiles comme celles du melon, du chou-fleur, de l'artichaut ou du céleri-rave. Il devrait plutôt se concentrer sur des légumes faciles à cultiver comme les haricots et les pois, les laitues et les chicorées, les carottes et les betteraves, question de se faire la main.

Le choix des cultivars

Le nombre de cultivars offert par les semenciers et les multiples qualificatifs qu'ils emploient pour les décrire compliquent le choix des jardiniers.

Chez certains semenciers, on trouve jusqu'à 100 cultivars de tomates. Leurs noms, souvent racoleurs, contribuent à créer de la confusion. Les appellations Ultrasonic, Fireball ou Ultra Girl captent certes l'attention, mais elles ne décrivent aucunement les qualités de la tomate qui sera récoltée. Pour faire un choix judicieux, on doit opter pour un semencier qui consigne dans son catalogue une information pertinente et rigoureuse. Il est alors plus facile de faire un choix éclairé.

Pour la sélection des cultivars, on tient compte de plusieurs facteurs. Voici les principaux.

Les caractéristiques de la partie comestible

Les caractéristiques de la partie comestible sont étroitement liées aux plaisirs de la table. La majorité des jardiniers s'adonnent au jardinage pour consommer des fruits et des légumes d'un goût supérieur à ceux des supermarchés. On repère le cultivar rêvé en interprétant les descriptions inscrites dans le catalogue. On optera pour un melon charentais, un melon brodé ou un melon de miel, un maïs sucré (su), à sucre rehaussé (se) ou Supersweet (sh_2), un poivron jaune, un poivron mauve ou un poivron rouge, une tomate rouge, une tomate rose ou une jaune. En général, les cultivars développés pour le commerce, la récolte mécanique et pour le transport sont moins savoureux.

On doit aussi considérer la dimension des légumes. Ainsi, on peut choisir une courge géante ou miniature, une petite carotte de fantaisie au goût délicat ou une autre plus grosse, excellente pour le jus et les ragoûts, une tomate de type beefsteak, une tomate italienne ou une tomate cerise. La quête du cultivar parfait n'a pas de fin! C'est d'ailleurs ce qui rend l'exercice passionnant.

Les caractéristiques du plant

Les cultivars de légumes ne nécessitent pas tous le même espace. Certains sont courts et trapus, alors que d'autres sont grimpants et étendus. Ainsi, le concombre Spacemaster prend moitié moins d'espace qu'un cultivar standard; le haricot nain n'a pas à être tuteuré comme le haricot grimpant; la tomate déterminée est plus courte et compacte que la tomate indéterminée dont la croissance est continue. On sélectionnera donc les cultivars en fonction de l'espace disponible et on optera pour une forme de tuteurage qui convient à la taille des plants.

Le temps de croissance

La plupart des semenciers attribuent un temps de croissance à chaque cultivar. Ces données sont souvent obtenues dans des conditions de croissance forcées, avec des apports importants d'intrants. On atteint rarement ces performances au jardin. Ces chiffres constituent néanmoins une référence à considérer dans la sélection des cultivars. Dans les régions nordiques, on optera d'emblée pour des cultivars hâtifs. Cependant, comme la précocité affecte souvent la qualité gustative d'un légume, on choisira au sud des cultivars plus tardifs.

La résistance aux insectes et aux maladies

Les généticiens développent sans cesse de nouveaux cultivars opposant des résistances à un nombre croissant de maladies et de ravageurs. Certains cultivars de concombre sont entièrement exempts de cucurbitacine (substance amère présente dans le feuillage et parfois dans le fruit), ce qui les rend moins attrayants pour la chrysomèle rayée du concombre. De nombreux cultivars de concombre modernes résistent à la tache angulaire, à l'anthracnose et à la mosaïque. Plusieurs cultivars de tomate sont insensibles à la mosaïque du tabac et au verticillium; d'autres ne sont pas affectés par les nématodes, des vers microscopiques qui parasitent les racines. Pour régler à la source certains problèmes de parasitisme, le choix d'un cultivar résistant constitue une piste de solution intéressante.

La qualité des semences

Une fois choisis les espèces et les cultivars, on doit prêter une attention particulière à la qualité des semences qu'on emploie.

L'âge des semences joue sur le taux de germination. Le tableau qui suit indique le temps de conservation des principales espèces. De nombreuses observations indiquent que les semences biologiques se conservent plus longtemps que les semences industrielles.

La conservation des semences

Temps de conservation	Légumes
de 1 à 2 ans	maïs, okra, oignon, persil, panais
de 2 à 3 ans	poireau, poivron, salsifis
de 3 à 4 ans	asperge, haricot, carotte, céleri, laitue, pois, épinard, tomate
de 4 à 5 ans	tous les choux, betterave, radis, bette à carde, courges, citrouille
de 5 à 6 ans	concombre, melon, cerise de terre, chicorée

On doit conserver les semences dans un endroit frais et sec; une armoire fraîche convient bien. Rangées au congélateur dans un contenant bien scellé, elles se conservent jusqu'à 20 ans dans la plupart des cas. Afin d'éviter une humidification des semences due à la condensation créée à la sortie du congélateur, il est recommandé de ne pas ouvrir le contenant avant que les semences ne soient complètement dégelées.

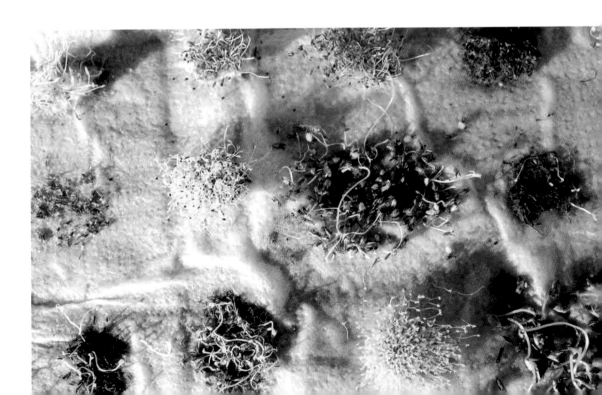

Le taux de germination des semences varie d'un semencier à l'autre. Il importe donc de bien choisir ses fournisseurs. Il est bon de spécifier que les semences vendues en pharmacie ou dans les supermarchés n'atteignent pas toujours les standards de qualité auxquels on est en droit de s'attendre.

Des semences de qualité biologique répondent mieux à la culture écologique que celles qui sont produites à l'aide de doses massives d'engrais de synthèse et de pesticides. Elles donnent des plants plus vigoureux, plus résistants et mieux adaptés. On trouve maintenant sur le marché un nombre croissant de semences biologiques, ce qui permet au jardinier de conduire ses cultures en travaillant en cycle biologique complet. Des semences produites localement donnent des plants mieux adaptés au climat local, une raison de plus d'encourager un producteur régional.

L'offre accrue d'hybrides encourage le monopole des semenciers ; en effet, on ne peut conserver les semences de plants hybrides, car leurs descendants ne développeront pas les mêmes caractères. Pour retrouver les caractères des cultivars hybrides, on doit retourner chez le fournisseur, ce qui est tout à son avantage ; par surcroît, les semences hybrides sont plus chères que les semences de cultivars à pollinisation libre.

Pour produire ses propres semences, il faut travailler avec des cultivars à pollinisation libre qui reproduisent les caractères des parents, pourvu qu'on ait respecté les distances séparatrices requises entre deux cultivars. Par une sélection méticuleuse des plants mères et des fruits porteurs des semences qu'on désire conserver, on peut accroître d'année en année la qualité d'un cultivar.

Quoiqu'il n'existe pour le moment en Amérique du Nord qu'un nombre restreint de cultivars de légumes modifiés génétiquement, la menace plane. En effet, la compagnie Monsanto a acquis en 2005 Seminis, la plus importante compagnie de production de semences de légumes en Amérique du Nord. On pourrait donc voir apparaître prochainement dans certains catalogues des courges, des concombres et des tomates modifiés génétiquement. Les jardiniers devront demeurer vigilants dans le futur s'ils désirent se soustraire à cette pollution génétique.

En dernier lieu, il faut éviter d'employer des semences traitées. Les fongicides dont on les enrobe pour les protéger de la pourriture sont des poisons dangereux qui portent préjudice à la santé pendant la manipulation.

De plus, ces poisons stérilisent le sol autour de la semence en germination, ce qui mine les associations intimes entre les micro-organismes et la plante naissante dont la croissance sera inévitablement affectée. Dans un sol sain et bien structuré, les semences ne pourrissent pas si elles sont semées au bon moment.

La présence d'un fongicide sur les semences doit être indiquée sur l'emballage. Le Captan, un fongicide cancérigène, est souvent employé; sa présence est caractérisée par des graines de couleur rose. Le Thiram est parfois utilisé. Si on vous a livré des semences traitées sans votre consentement, il ne faut pas hésiter à les retourner à l'expéditeur.

Les recommandations relatives au choix des semences ont comme objectif de guider le jardinier dans sa démarche d'autosuffisance alimentaire. Ce n'est cependant que par l'expérimentation qu'on arrive à dénicher les cultivars qui correspondent véritablement aux critères recherchés.

Chapitre 12

Les semis intérieurs

Pour optimiser la qualité
et le rendement des fruits
et des légumes cultivés, mieux
vaut transplanter au jardin
des plants de qualité biologique.
Comme ces plants sont rares
et chers, il est préférable
de les produire soi-même.
En plus de permettre
un libre choix de cultivars,
l'activité offre deux mois
de jardinage supplémentaires.

L'environnement de la chambre à semis

Un environnement approprié est essentiel à la réussite des semis intérieurs. De 14 à 16 heures de bonne lumière par jour sont nécessaires à la croissance des jeunes plants. Une pièce avec de grandes fenêtres orientées vers l'est ou vers le sud convient bien. Comme la photopériode en mars et en avril est trop courte pour subvenir aux besoins en lumière des végétaux, il faut prévoir un éclairage d'appoint : on obtient de bons résultats avec des fluorescents Coolwhite, qui produisent des ondes proches du bleu, combinés à des fluorescents Warm White ou Gro-lux, qui émettent des ondes plus rouges. Une combinaison de trois tubes Coolwhite pour un tube Warm White donne de bons résultats. On peut aussi opter pour des fluorescents à spectre complet, cependant plus chers.

Les fluorescents doivent être espacés de 1,5 cm et placés à 5 cm de la tête des plants. Un système mobile permet de hausser les tubes au fur et à mesure que les plants se développent. Un éclairage à halogénure de métal ou à haute pression de sodium peut aussi convenir, pourvu que le spectre lumineux corresponde aux besoins des jeunes plants, plus friands d'ondes bleues. Avant l'achat d'un système d'éclairage, mieux vaut consulter les experts des boutiques spécialisées.

La température moyenne optimale pour la germination est de 25 °C, alors que pour la croissance elle est de 20 à 22 °C le jour et de 15 °C la nuit. La pièce ne devrait pas être trop sèche : l'humidité relative idéale se situe entre 80 et 90 %, une condition difficile à atteindre dans une maison. Pour compenser des conditions trop sèches, on vaporise d'eau les jeunes plants une fois le matin et une fois le soir.

Une petite serre constitue l'endroit par excellence pour partir des plants. Sa construction et son chauffage commandent cependant certains investissements. Il est plus économique de transformer en chambre à semis une pièce bien éclairée de la maison qui a l'avantage d'être déjà chauffée. Il s'agit d'y placer une table, de la recouvrir d'une nappe plastifiée et d'y organiser l'éclairage d'appoint.

Les contenants à semis

On cultive habituellement les jeunes plants dans des caissettes. Les modèles en polystyrène donnent d'excellents résultats. Rigides, légers et peu perméables, ces contenants sont réutilisables à moins qu'ils n'aient été contaminés par la fonte des semis. Dans un tel cas, on jettera les contenants infectés.

Certaines caissettes sont divisées en cellules individuelles. Je préfère les caissettes ouvertes, sans division. On trouve également sur le marché des caissettes en plastique ou en fibre. Les premières ont l'avantage de pouvoir être désinfectées et réutilisées. Si un problème de fonte des semis était survenu, on fera tremper quelques minutes les caissettes infectées dans une solution d'alcool à friction à raison de neuf parties d'eau pour une partie d'alcool.

Certaines espèces, comme les cucurbitacées, ne tolèrent pas le repiquage ; on emploiera pour leur propagation des pots individuels de 8 à 15 cm de diamètre, selon l'âge et la taille souhaités.

Les médiums de croissance

Les médiums de croissance sont d'une importance capitale pour la production de plants. Il faut deux types de terreau : un terreau de germination et un terreau de croissance. On emploie les mêmes matériaux pour les préparer, mais dans des proportions différentes.

Il faut tout d'abord de la vermiculite, du mica éclaté par chauffage à haute température, et de la perlite, une roche volcanique qui a subi le même procédé. Ces matériaux inertes donnent de la texture au terreau. Ils l'aèrent tout en améliorant sa capacité de rétention d'eau. Par mesure d'économie, on devrait les acheter en sacs de 100 litres.

On utilise également un compost végétal bien mûr et bien sassé. Un compost de feuilles de deux ans convient parfaitement. On peut aussi employer un compost du commerce, pourvu qu'on en vérifie la composition. Les composts fabriqués à partir de boues municipales ne sont pas recommandés et les composts de fumier sont trop salins pour entrer dans la composition d'un terreau de germination.

Le terreau de germination est celui dans lequel on sème les graines. Il doit être souple, léger, poreux et peu salin. Je le fais de deux parties de compost mûr, de quatre parties de perlite et de quatre parties de vermiculite.

Le terreau de croissance est celui dans lequel on repique les jeunes plants. Je le prépare avec six parties de compost, trois parties de perlite et trois parties de vermiculite.

Recette des terreaux

	Compost végétal bien mûr	Perlite	Vermiculite
Terreau de germination	2 parties	4 parties	4 parties
Terreau de croissance	6 parties	3 parties	3 parties

On mesure les ingrédients au volume. Après avoir légèrement humidifié le terreau, on mêle les ingrédients. On dispose ensuite le terreau dans les caissettes sans le compacter. Tout est alors prêt pour le semis.

Le calendrier des semis

Il importe de semer au bon moment. De jeunes plants qui stagnent en caissettes perdent une grande partie de leur vigueur et de leur précocité.

En respectant le prochain calendrier, les plants seront prêts à être transplantés au bon moment, sans qu'ils ne subissent d'interruption de croissance. Vous trouverez le calendrier des semis directs et des transplantations à l'extérieur à la page 196.

Date	Espèces à semer
1er mars	céleri-rave, poireau, oignon, artichaut
15 mars	laitue (1er semis), céleri, aubergine, poivron, piment
1er avril	tomate, cerise de terre, brocoli et chou-fleur (1er semis), herbes aromatiques, la plupart des fleurs
15 avril	chou pommé, chou de Bruxelles, laitue (2e semis)
1er mai	melon, brocoli et chou-fleur (2e semis), cosmos, tournesol
15 juin	laitue (3e semis)

Le semis

On sème les graines en caissettes, dans un terreau de germination. Pour les oignons et les poireaux, le semis se fait à la volée à raison d'une centaine de semences par caissette ; avec les autres espèces, on procède normalement en rangs.

On recouvre les semences de trois fois leur épaisseur de terreau. On arrose les caissettes uniformément avec une eau tempérée et on les place dans un endroit chaud de la maison.

On sème le melon et les autres cucurbitacées dans un pot de plastique de 8 cm de diamètre.

Il ne faut pas oublier de bien identifier les cultivars. Des bâtonnets à café en bois marqués au crayon de plomb ou à l'encre indélébile conviennent bien à cet usage.

Par la suite, le terreau sera maintenu humide, mais sans excès. On arrose à l'aide d'un arrosoir à bec inversé qui a l'avantage de créer un jet d'eau très fin, moins susceptible de déplacer les semences et d'écraser les jeunes plants.

Dès qu'on observe un renflement à la surface du terreau, il faut placer les caissettes à la lumière. Quelques jours plus tard, les cotylédons se seront déployés.

L'accès à une lumière de qualité est essentiel à la santé des plants. Lorsque l'éclairage est insuffisant, les jeunes plants s'étiolent ce qui les rend plus fragiles.

Le repiquage

Une fois les deux premières vraies feuilles bien formées, on doit repiquer les jeunes plants (les premières vraies feuilles sont celles qui apparaissent après les cotylédons).

Le repiquage est une technique qui consiste à transplanter les plants dans un terreau de croissance en leur donnant l'espace nécessaire pour compléter leur développement. Voici la marche à suivre pour quelques espèces.

Tomate

On repique la tomate légèrement au-dessous des cotylédons. La densité recommandée est de neuf plants par caissette. On peut repiquer une deuxième fois en pot deux semaines avant la transplantation; dans ce cas, on peut les partir un peu plus tôt. Un plant de tomate de qualité devrait être aussi large que haut.

Poivron et aubergine

On repique ces espèces légèrement au-dessous des cotylédons. La densité recommandée est de 10 à 12 plants par caissette. On peut repiquer une deuxième fois en pot trois semaines avant la transplantation.

Laitue et chicorée

On repique la laitue et la chicorée légèrement au-dessous des cotylédons. On procède après 18 à 20 jours. La densité recommandée est de 25 plants par caissette. Le temps total en caissette varie de six à sept semaines.

Choux

On repique les choux et les autres crucifères à la hauteur des cotylédons. La densité recommandée est de 20 à 25 plants par caissette. Le temps total en caissette varie de cinq à six semaines.

Oignon et poireau

On ne pratique pas de repiquage avec ces espèces. On sème une centaine de graines par caissette dans un terreau de germination. Après quatre semaines, on fertilise les plants chaque semaine avec de l'émulsion de poisson et de l'algue liquide. Lorsque les plants atteignent de 15 à 18 cm, on les rabat à 12 cm à l'aide de ciseaux afin de les renforcer. On pratique cette intervention à deux ou trois reprises durant leur séjour en caissette.

Melon et autres cucurbitacées

On sème le melon et les autres cucurbitacées dans un terreau de germination à raison de deux semences par pot de 8 cm de diamètre. On coupe le moins beau des deux plants au stade des premières vraies feuilles. On transplantera les plants au jardin en prenant soin de ne pas déranger les racines.

Le repiquage stimule la croissance des jeunes plants, car il permet la formation de nouvelles racines le long de la tige enterrée. Il atténue ainsi les effets de l'étiolement.

Pour bien réussir le repiquage, le jeune plant doit être déterré à l'aide d'une cuillère qu'on glisse sous leur système racinaire pour les soulever; on saisit délicatement chaque plant par une feuille pour le déposer dans le trou creusé à l'aide de la cuillère dans le terreau de croissance. On ne repique que les plus beaux plants. On compte généralement une perte de l'ordre de 15 % pour cette opération. Au moment du repiquage, il faut éviter la compaction du terreau. Une fois l'opération terminée, les caissettes seront arrosées et replacées à la lumière.

La fonte des semis

Durant la croissance des plants, l'irrigation doit être adéquate : il faut répondre aux besoins des plants en eau, mais sans excès. Une humidité excessive ouvre la voie au développement de la fonte des semis, une infestation fongique fatale pour les plants. Le champignon (*Phytophthora spp.*) qui prolifère à la surface du terreau provoque l'étranglement des tiges au niveau du collet des jeunes plants, qui deviennent minces comme un fil. Un mauvais terreau (fait avec du compost trop jeune ou avec de la terre de jardin), des températures trop fraîches ou un excès d'humidité constituent les principales causes de la fonte des semis.

On arrose idéalement le matin de journées ensoleillées. On n'arrose par temps nuageux que lorsque c'est vraiment nécessaire. Il est toujours préférable de laisser sécher le terreau en surface avant d'arroser. Les plants ont un besoin en eau plus important en fin de cycle qu'au début. Pour évaluer la teneur en humidité du terreau, on soupèse les caissettes.

Pour prévenir ou contrôler la fonte des semis, on peut arroser les plants avec une décoction de prêle ou de camomille.

La décoction de prêle

Pour préparer la décoction de prêle, on fait bouillir 100 g de prêle séchée dans cinq litres d'eau pendant 10 minutes. On laisse infuser durant

12 heures. Pour contrôler la fonte des semis, on arrose avec la décoction pure. Pour prévenir l'apparition du champignon, on utilise la décoction diluée dans une partie d'eau. On récolte la prêle idéalement vers le 25 juin, alors que son taux de silice est le plus élevé. On prendra soin chaque année d'en faire une ample provision pour la période des semis. On sèche la prêle en bouquets, attachés par une corde, tête en bas.

La décoction de camomille

Pour préparer la décoction de camomille, on fait bouillir durant 10 minutes 7 g de camomille dans un litre d'eau, puis on laisse macérer jusqu'au refroidissement du liquide. Pour le traitement, on arrose avec la décoction pure. En prévention, on diluera la décoction dans une partie d'eau.

Danièle Laberge
Prêle des champs

La fertilisation des semis

Si le compost utilisé pour fabriquer le terreau est de bonne qualité, il devrait contenir tous les éléments nutritifs dont les plants ont besoin pour se rendre à terme. Si des carences en azote (feuillage pâle) ou en phosphore (feuillage violacé) se manifestent, on arrose les plants deux fois par semaine avec une solution d'émulsion de poisson et d'algues liquides à raison de 10 ml chacun par litre d'eau. Pour corriger une carence en phosphore, il faut s'assurer que l'émulsion employée contient suffisamment de cet élément (le deuxième chiffre).

L'acclimatation

Avant la transplantation des plants à l'extérieur, il importe de les acclimater. L'acclimatation consiste à exposer graduellement les jeunes plants aux éléments extérieurs, soit le vent, le soleil et le froid. Les premiers jours (de préférence des journées nuageuses), les jeunes plants ne seront sortis que quelques heures. Puis, on augmentera le temps d'exposition jusqu'à ce que les plants soient entièrement adaptés à leur nouvel environnement. On peut employer un agrotextile ou un tissu plein-jour afin de protéger les plants du froid ainsi que d'un soleil trop direct.

Chapitre 13

Les outils du jardinage écologique

Lorsqu'on achète un outil de jardinage, on adopte un instrument avec lequel on travaillera pendant de nombreuses années, voire toute sa vie. Il importe donc de prendre son temps, de magasiner, de questionner et de comparer avant de passer à la caisse. Comme la qualité de l'outil compte beaucoup dans le plaisir de l'activité, on le choisira de bonne qualité, muni d'un manche solide et assez long pour qu'il permette de garder le dos bien droit lorsqu'on l'emploie.

Le nombre d'instruments nécessaires n'étant pas si élevé et leur prix étant somme toute assez raisonnable, investir dans la qualité est accessible, quitte à prendre quelques années pour acquérir la gamme complète. En plus d'être plus durables et plus confortables à l'usage, les outils de qualité permettent d'effectuer un travail plus soigné.

Voici les principaux outils qu'on emploie en jardinage écologique.

La fourche à fumier

La fourche à fumier est munie de cinq dents étroites, rondes, pointues et légèrement incurvées. Elle sert principalement à manipuler les matières organiques. On l'utilise pour retourner le compost.

La fourche à bêcher

Sur de petites surfaces, c'est principalement avec la fourche à bêcher qu'on travaille le sol. Elle permet de retourner et d'ameublir la terre et même d'enfouir des engrais verts. Elle est faite de quatre dents larges et droites.

La pelle ronde

La pelle ronde se prête à une multitude de tâches : retourner la terre, creuser des trous, manipuler le compost mûr, mélanger le terreau, etc. Elle est indispensable au jardinier. Les modèles munis d'un manche court permettent de réaliser la plupart des tâches.

La pelle carrée

La pelle carrée permet de creuser les sentiers dans le jardin. On optera pour un modèle léger avec un manche d'une longueur qui rend confortable l'exécution de la tâche.

Le râteau

On se sert du râteau pour égaliser le terrain, façonner les planches et préparer le lit de semences. Le travail au râteau constitue généralement la dernière intervention avant le semis ou la transplantation.

Le balai à feuilles

On trouve sur le marché un nombre surprenant de modèles de balais à feuilles. Mieux vaut opter pour un modèle étroit et léger, en métal plutôt qu'en plastique. Comme son nom l'indique, l'outil sert à balayer les feuilles à l'automne, mais on l'emploie aussi pour ramasser les débris organiques dans le jardin et pour donner une touche de finition aux sentiers en terre.

La griffe à trois dents

C'est avec la griffe à trois dents qu'on effectue le binage. On s'en sert également pour incorporer au sol les engrais et les amendements ainsi que pour enfouir les semences d'engrais verts après un semis à la volée. On trouve plusieurs modèles de griffes sur le marché. Les modèles étroits permettent d'effectuer un travail de précision, alors que les modèles plus larges permettent d'intervenir sur de grandes surfaces. Il est avantageux d'avoir les deux modèles à sa disposition.

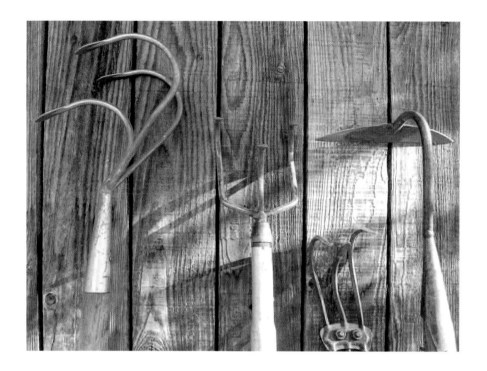

La bêche tranchante

La bêche tranchante est munie d'une lame basse avec laquelle on fait le sarclage qui permet de contrôler une végétation déjà établie. On garde cette bêche affûtée de sorte qu'elle coupe efficacement les jeunes plantes adventices à ras de terre. Les modèles « en cou de cygne » permettent de travailler efficacement et confortablement. On choisira de préférence un manche long pour le confort de l'exercice.

La bêche à renchausser

La bêche à renchausser dispose d'une lame plus haute et plus carrée que celle de la bêche tranchante. Elle sert à plomber le sol au moment du semis et à renchausser les végétaux comme les pommes de terre et les poireaux.

La bêche en demi-lune ou le tranche-bordure

On emploie la bêche en demi-lune pour découper la pelouse ou la prairie. On l'utilise aussi pour entretenir les bordures du jardin et pour diviser les plantes vivaces. Par souci d'efficacité, on la maintiendra bien affûtée.

Le tombereau

Pour ceux qui entreprennent de grands jardins, le tombereau est fort utile. Ce caisson de bois monté sur deux roues permet de transporter trois fois plus de matériel que la brouette. Il convient bien au transport des résidus organiques, du foin, de la paille ainsi que des légumes récoltés. On peut facilement décharger les matières qu'il contient grâce à son panneau avant amovible. Son principal inconvénient est sa largeur et ses deux roues qui rendent son emploi dans le jardin difficile une fois les planches façonnées.

La brouette

Jardiner sans brouette est inconcevable à moins de ne disposer que d'une très petite surface. C'est avec la brouette qu'on transporte les outils et les matériaux. Grâce à sa roue unique, elle permet de circuler dans le jardin sans endommager les plants ni compacter le sol, à condition bien sûr de demeurer dans les sentiers. Il importe d'investir dans une brouette robuste, munie d'un pneu gonflable et d'une cuve en acier.

La motobêcheuse

Quiconque cultive plus de 100 m² appréciera la motobêcheuse pour effectuer certaines tâches, entre autres la préparation du sol, l'enfouissement des engrais verts ou des résidus de culture et l'incorporation superficielle des engrais et du compost au moment de la préparation du lit de semences. Toutefois, elle n'est pas essentielle à la réalisation de ces travaux qu'on peut très bien effectuer manuellement. La motobêcheuse peut aussi être achetée en copropriété ou louée au besoin.

Les modèles les plus performants sont ceux dont les dents sont placées à l'arrière des roues et dont la traction est indépendante de celle des roues, ce qui lui permet d'enfouir efficacement les engrais verts. Les modèles dont les dents sont placées à l'avant sont cependant plus économiques ; ils servent principalement à remuer la terre. On trouve des modèles avec des forces de moteur allant de 3 à 12 ch.

La déchiqueteuse

Si on dispose de fortes quantités de matière organique entière (résidus de coupe de bois, branches, tiges de framboisiers, de maïs, de tournesols, etc.), on peut employer une déchiqueteuse. Cet instrument n'est toutefois pas nécessaire à la conduite d'un jardin écologique ; par surcroît, il est bruyant et consomme du pétrole. Comme solution de rechange à l'achat, une déchiqueteuse peut être louée au besoin.

On en trouve différents modèles sur le marché. Les machines plus légères permettent de déchiqueter des feuilles et de fines branches, alors que les plus lourdes peuvent transformer en copeaux des branches allant jusqu'à 5 cm de diamètre. Bien que le broyage des matériaux accélère leur décomposition, il n'est pas nécessaire de déchiqueter les feuilles, les broussailles et les plants ligneux pour qu'ils se décomposent.

Pour que les outils résistent à l'usure du temps, on doit, après les avoir frottés avec une brosse métallique, enduire minutieusement d'huile végétale leurs parties de bois et d'acier avant de les remiser pour l'hiver. Ce traitement nourrit le bois et prévient l'apparition de la rouille sur les parties métalliques. Les appareils mécaniques seront entretenus selon les recommandations du fabricant.

Chapitre 14

Le travail du sol

En jardinage écologique, on travaille la terre le moins possible, car on doit préserver sa stratification naturelle. Les différentes espèces de micro-organismes se développant dans des couches spécifiques du sol, un travail trop en profondeur perturberait leur activité. Aucune intervention modifiant les couches du sol ne devrait donc être entreprise. Et comme un sol affiné est plus sensible à l'érosion, on n'interviendra qu'au besoin.

La façon dont on travaille la terre compte pour beaucoup dans sa fertilité. Selon la texture du sol, l'approche diffère.

En sol sableux

En terrain sableux et léger, on prépare le lit de semences au dernier moment. Une fois les planches façonnées, un coup de griffe suivi d'un travail de finition au râteau permet de préparer le lit de semences. Lorsque des planches sont libérées des cultures hâtives (laitues, épinards, radis, ail, oignons, brocolis de primeur, etc.), on établira aussitôt une culture d'automne ou on sèmera un engrais vert, de façon à ne pas laisser le sol à nu (voir la page 107). En fin de saison, les plants sont arrachés et portés au compost et le sol est laissé tel quel pour affronter l'hiver.

En sol argileux

Les sols argileux sont plus capricieux que les sols sableux. Ils ne doivent pas être travaillés n'importe quand ni n'importe comment car un travail du sol effectué au mauvais moment peut compromettre la saison de culture.

Les problèmes qu'on y rencontre sont dus à la finesse des particules d'argile qui empêche la formation naturelle de porosité. Sans porosité, pas de drainage. Sans drainage, pas d'air. Sans air, pas d'activité biologique.

Pour créer de la porosité dans un sol argileux, il faut le structurer. Pour ce faire, il faut l'amender avec du compost, lui apporter du calcium et le travailler au bon moment avec les bons outils.

Pour structurer un sol argileux, on doit le travailler à l'automne de façon à former de grosses mottes sur lesquelles le climat pourra exercer son action. Les alternances gel-dégel et humectation-dessication fissurent les mottes, ce qui favorise l'obtention d'une structure grumeleuse (voir la page 63). Au printemps, lorsque ces mottes sont travaillées au bon moment avec les bons instruments, elles se défont en agrégats (petites mottes) qui, en se superposant, créent la structure souhaitée, soit la structure grumeleuse.

Au printemps, on travaille le sol lorsqu'il n'est ni trop humide ni trop sec, quand une motte sur laquelle on exerce une pression avec les mains se défait en petites mottes, en agrégats.

On ne travaille jamais un sol argileux lorsqu'il est trop humide, car se formeraient de grosses mottes qui durciraient au soleil. On ne le travaille pas non plus en conditions trop sèches, car le sol s'affinerait et reprendrait en masse à la pluie suivante.

Pour créer un relief grossier et irrégulier à l'automne, on travaille le sol à l'aide d'une fourche à bêcher ou d'une motobêcheuse passée à basse vitesse, le tablier relevé. Au printemps, sur les plus grandes surfaces, le sol sera travaillé à la motobêcheuse ; sur les plus petites surfaces, on interviendra avec la fourche à bêcher, la griffe et le râteau. Puis le lit de semences sera préparé tout comme pour les sols sableux. On optera pour la culture en planches permanentes ou en planches non permanentes, deux techniques décrites à la fin du présent chapitre.

Une fois la structure grumeleuse obtenue, on pourra gérer un sol argileux comme un sol sableux : une couverture végétale sera établie sur toute surface libérée d'une culture hâtive ; après les récoltes tardives, le sol sera laissé à nu, sans intervention.

La préparation d'un nouveau terrain

Pour éliminer la végétation d'une surface qu'on désire cultiver, on y étend à la fin de l'été une couche de 20 à 25 cm d'épaisseur de feuilles mortes et de paille. Le printemps suivant, après avoir râtissé le paillis en bordure, on travaille le sol à la motobêcheuse ou à la fourche à bêcher. Ensuite, on y cultive des engrais verts pendant une année entière (voir la page 106). On peut aussi y établir une culture de pomme de terre, de courge ou même de tomate.

Une autre technique de préparation du sol consiste à le travailler, à l'automne, à l'aide d'une motobêcheuse robuste. Le printemps suivant, on le travaille à nouveau avec la motobêcheuse. Puis, on établit en juin un engrais vert de sarrasin qui sera suivi à la mi-août d'une culture de céréales qu'on enfouira le printemps suivant, avant l'établissement des premières cultures légumières.

Pour préparer rapidement au printemps un nouveau terrain, on peut à l'aide d'une bêche en demi-lune découper et retirer la végétation de surface qu'on fera composter sous une toile opaque afin de neutraliser le chiendent. Puis on travaille le sol à la fourche à bêcher ou à la motobêcheuse avant de l'amender, de le fertiliser et d'y établir des cultures.

La préparation du lit de semences

La préparation du sol au printemps est important pour la qualité et le rendement des cultures. La culture en planches ou en buttes surélevées crée des conditions optimales pour la croissance des végétaux. Les planches créées mesurent généralement 1 m de largeur et sont séparées les unes des autres par des sentiers de 20 cm de largeur. Toutes les interventions seront réalisées à partir des sentiers : apports de compost et d'engrais, semis, transplantation, binage, irrigation et récolte. Ainsi, le sol où s'épanouissent les végétaux n'est jamais piétiné, ce qui favorise le développement racinaire des végétaux ainsi que l'activité biologique du sol.

On peut choisir la technique des planches non permanentes ou, lorsqu'on ne dispose que d'une petite surface, opter pour celle des planches permanentes.

La culture en planches non permanentes

La technique de culture en planches non permanentes convient bien à ceux qui travaillent sur plus de 100 m².

L'emplacement et la forme des planches doivent tout d'abord être définis. On tentera de créer une circulation fluide dans le jardin. Lorsqu'il y a une inclinaison, afin de prévenir le ruissellement et l'érosion hydrique, mieux vaut orienter les planches dans le sens contraire de la pente ; ainsi, elles feront figure de digues et retiendront l'eau de pluie dans l'espace de culture.

Pour façonner les planches, on creuse d'abord les sentiers à l'aide d'une pelle ronde ; puis on les élargit à 20 cm à l'aide d'une pelle carrée. Pour les lignes droites, mieux vaut employer une corde et deux piquets comme gabarit. Lors du creusage, le sol des sentiers est transféré sur les planches, ce qui crée le dénivelé entre les planches et le sentier. En sol argileux, on creuse les sentiers de façon à créer des planches de 20 cm de hauteur, ce qui favorisera le drainage ; en

sol sableux, on limitera la hauteur des planches à 10 cm afin de ne pas accentuer les problèmes de sécheresse.

Une fois les planches façonnées, on amende le sol et on applique les engrais au besoin. On incorpore les intrants à l'aide d'une griffe ou d'une motobêcheuse, passée en surface. On nivelle la surface au râteau et le sol est fin prêt pour recevoir les semences ou les plants.

On conservera les mêmes planches durant tout le cycle de la rotation; lors de la culture intensive d'engrais vert, on les défait pour recommencer le processus le cycle suivant. On peut alors opter pour un design différent, amélioré en fonction des observations faites.

La culture en planches permanentes

Les planches permanentes, comme leur nom l'indique, sont créées pour durer. Il faut s'assurer que le design créé soit esthétique et qu'il permette une circulation fluide dans le jardin.

Pour la première étape, on procède de la même façon que pour les planches non permanentes. Puis on appliquera à chacune des planches la technique du bêchage double.

On prélèvera d'abord, à l'aide d'une pelle, une bande de terre de 25 cm sur 25 cm sur toute la largeur de la planche. Cette terre sera placée dans une brouette pour être utilisée à la fin de l'opération. On enfonce ensuite les fourchons de la fourche à bêcher dans le fond de la tranchée créée à tous les 8 cm, ce qui ameublit le sol en profondeur sur toute la largeur de la tranchée. Puis, on fait basculer avec la fourche une bande de terre de 25 cm sur 25 cm dans la première tranchée. On ameublit le fond de la nouvelle tranchée qu'on comble avec une autre bande de terre de 25 cm sur 25 cm. Cette opération se poursuit ainsi jusqu'à ce que toute la surface de la planche ait subi le même traitement. La dernière tranchée sera comblée avec la terre de la brouette. Il ne reste plus qu'à amender le sol et à niveler la planche au râteau.

Avec cette technique, les racines des végétaux cultivés pourront facilement explorer le sous-sol et y puiser les éléments minéraux et l'humidité qui s'y trouvent. On n'aura pas à répéter l'opération par la suite, car le profil du sol sera entretenu par les racines des végétaux et par l'action des micro-organismes. On peut appliquer la technique sur quelques planches chaque année jusqu'à ce que chacune ait subi le traitement. Par la suite, le travail du sol sera considérablement réduit. Les planches seront nettoyées de leurs résidus à l'automne et laissées telles quelles pour l'hiver. Le printemps suivant, le sol sera légèrement travaillé en surface, amendé au besoin, puis égalisé. De nouvelles cultures peuvent alors être implantées.

En plus de créer des conditions propices à la croissance des végétaux, la culture en planches facilite l'application de la rotation des cultures et du compagnonnage, deux techniques propres à la culture écologique.

Chapitre 15

Synthèse légumière

Dans ce chapitre se trouvent,
classées par ordre alphabétique,
les informations relatives
à la culture des principales
plantes légumières.

Ail

Allium sativum
Garlic
Famille : liliacées

L'ail est originaire des steppes d'Iran et d'Afghanistan où on le trouve encore aujourd'hui à l'état sauvage. En raison de ses propriétés médicinales et aromatiques, sa consommation s'est rapidement répandue sur toute la surface du globe.

L'ail est une plante à multiplication végétative. Ce sont les gousses plantées qui donnent les nouveaux bulbes. On sème l'ail de préférence à l'automne 3 ou 4 semaines avant le gel définitif du sol. On peut tenter aussi un semis printanier dès que le sol se travaille.

On sème l'ail sur des rangs distants de 20 cm à raison de 1 gousse aux 20 cm qu'on enfonce dans le sol, pointe vers le haut et recouverte de 2 cm de terre. Une fois le sol gelé, on recouvre l'ail d'un paillis végétal de 20 cm d'épaisseur. Des feuilles recouvertes de paille conviennent bien.

L'ail nécessite un sol riche, amendé avec du compost mûr. Une humidité constante est nécessaire en mai et en juin. La teigne du poireau, un nouveau venu en Amérique, pond ses œufs au sommet des plants en juin. On trouve les larves enrobées dans les feuilles supérieures des plants. On peut écraser les larves manuellement ou les neutraliser avec une vaporisation de Bt; non contrôlées, elles investissent le cœur de la tige où elles continuent leurs ravages bien à l'abri.

À la fin de juin, on taille à la main les hampes florales, avec lesquelles on peut préparer un délicieux pistou. On récolte les plants entiers à la fin de juillet et on les fait sécher, attachés en bouquets de 20 bulbes et suspendus dans un endroit abrité et bien ventilé. Après quelques semaines, on taillera la tige et les racines et on conservera les bulbes

dans un endroit frais et sec. On emploie comme semence les gousses des plus gros bulbes récoltés.

- Plantes compagnes : aubergine, tomate, concombre, courgette.
- Cultivars recommandés : les cultivars à tige dure, résistants à la mosaïque.

Artichaut

Cynara scolymus
Globe artichoke
Famille : composées ou astéracées

L'artichaut est originaire du sud du bassin méditerranéen. On sait qu'au XVe siècle, sa culture était déjà courante en Belgique, en France, en Angleterre et en Italie; aujourd'hui, elle se répand dans les jardins nord-américains, où l'artichaut s'est bien adapté. En conditions tempérées, l'artichaut est cultivé comme une plante vivace. En région nordique,

on le cultive comme une annuelle, car il ne survit pas à l'hiver.

On sème l'artichaut en caissettes à l'intérieur au début de février, puis on repique les plants au début de mars. En mai, on transplante les plants au jardin à 1 mètre de distance les uns des autres dans un sol généreusement amendé avec du compost jeune. On peut alors intercaler des laitues entre les plants.

L'artichaut, en raison de sa belle venue, constitue une ravissante plante d'ornement. On peut l'intégrer avantageusement dans les aménagements.

- Plantes compagnes : tomate, aubergine, courgette, concombre.
- Cultivar recommandé : Globe, Imperial Star (H pour hybride).

Asperge

Asparagus officinalis
Asparagus
Famille : liliacées

L'asperge est une plante vivace rustique détenant une forte capacité de naturalisation. Originaire d'Orient, elle s'est peu à peu répandue dans le nord de l'Afrique, en Europe et jusqu'en Sibérie. Elle s'est bien adaptée en Amérique, où on la cultive depuis le début du XXe siècle. Au printemps, c'est avec fébrilité qu'on attend ce premier légume de la saison. Comme on établit une aspergeraie pour 20 ans, on doit soigner la préparation du sol. On établit l'aspergeraie à partir de griffes (idéalement de 2 ans) qu'on transplante au fond de tranchées de 20 cm de profondeur distantes de 120 cm les unes des autres, à raison de 1 griffe aux 45 cm sur le rang. Au fur et à mesure que le plant se développe, on le renchausse avec de la terre.

L'année suivant la plantation, il faut résister à l'envie de récolter des turions (les jeunes pousses de l'asperge) afin que le plant puisse s'établir. Par la suite, on pourra récolter jusqu'à 10 turions par plant sur une période de 4 à 5 semaines, qui commence normalement au début de mai. Les derniers turions produiront des plants de 1 mètre de hauteur. Ceux-ci emmagasineront l'énergie nécessaire à la production du printemps suivant.

On cultive l'asperge en sol sableux avec des apports abondants de matière organique. On fertilise les plants individuellement à l'automne avec du compost moyennement décomposé. Le printemps suivant, les tiges jaunies et sèches seront taillées et portées au compost; si la criocère cause des ravages aux plants, mieux vaut éliminer les résidus à l'automne. Un binage régulier, tout comme l'application d'un paillis végétal, assure le contrôle des plantes adventices. Tôt au printemps, on peut cultiver entre les rangs des navets, des radis, de la laitue ou d'autres verdures.

On peut produire ses propres griffes à partir de semences, mais il faut alors compter 4 ans avant de récolter. On trouve des griffes d'asperge de 2 ans dans les centres de jardin. Les cultivars «tout mâle» produisent des turions plus gros et plus charnus, une qualité recherchée pour l'asperge.

- Plantes compagnes : radis, laitue, mâche, chicorée, épinard, roquette, moutarde.
- Cultivars recommandés : Viking, Mary Washington, Guelph Millennium (hybride «tout mâle»), Jersey Knight (hybride «tout mâle»).

Aubergine

Solanum melongena esculentum
Eggplant

Famille : solanacées

Contrairement à ses cousines solanacées originaires d'Amérique du Sud, l'aubergine nous vient de l'Inde. Légume exotique par excellence, la plante est friande de chaleur et de compost jeune.

On sème les aubergines à l'intérieur à la mi-mars pour les transplanter, une fois les risques de gel passés, à 35 cm de distance dans

un sol généreusement amendé avec du compost jeune. La solanacée est attirante pour les doryphores, qu'on peut contrôler par récolte manuelle (voir la page 225).

- Plantes compagnes : artichaut, concombre, melon, courgette, tomate.
- Cultivars recommandés : Diamond, Italian Long Purple, Black Beauty, Rosa Bianca, Little Finger.

Bette à carde

Beta vulgaris cicla
Swiss chard
Famille : chénopodiacées

On cultive la bette à carde pour son feuillage qui s'apparente, au goût, à celui de l'épinard. Contrairement à sa cousine, la bette à carde a l'avantage de résister à la chaleur. Elle produit abondamment de juillet à octobre.

On la sème à 1 cm de profondeur dans un sol amendé avec du compost mûr sur des rangs distants de 30 cm à raison de 1 semence aux 4 cm. On éclaircit ensuite jusqu'à ce qu'il ne reste qu'un plant aux 15 cm. On récolte les feuilles extérieures, car le plant se développe à partir du cœur. Les feuilles, légèrement blanchies, se conservent très bien au congélateur.

- Plantes compagnes : laitue, chicorée, moutarde, roquette, tous les choux.
- Cultivars recommandés : Fordhook Giant (feuilles blanches et vertes), Rhubarb Chard (feuilles rouges et vertes), Golden Chard (feuilles jaunes et vertes).

Betterave

Beta vulgaris
Beet
Famille : chénopodiacées

La betterave est originaire de l'est du bassin méditérranéen et d'Asie centrale. On peut profiter de sa consommation à l'année, car elle se conserve très bien en chambre froide. On peut aussi consommer ses jeunes feuilles crues ou cuites à la vapeur.

On sème la betterave en mai et en juin, à 1 cm de profondeur sur des rangs distants de 15 cm à raison de 1 semence aux 3 cm. On éclaircit aux 8 à 10 cm, davantage pour les cultivars de forte taille. Pour les betteraves d'été, on gagne à effectuer plusieurs semis.

- Plantes compagnes : oignon, carotte, panais, tous les choux.
- Cultivars recommandés : Détroit, Chioggia, Lutz, Touchstone Gold.

Brocoli

Brassica oleracea italica
Broccoli
Famille : crucifères ou brassicacées

D'origine européenne, le brocoli est devenu un légume très populaire en Occident. En raison de ses propriétés anti-cancer reconnues, sa consommation est continuellement en croissance.

On peut cultiver le brocoli dans tous les types de sol qu'on amendera avec du compost mûr. On le multiplie par semis direct ou par semis intérieur. Dans le premier cas, on sème 1 graine aux 10 cm, puis on éclaircit aux 35 cm. Par semis intérieur, on le sème 6 semaines avant la date prévue de transplantation, puis on transplante les plants aux 35 cm sur des rangs distants de 45 cm.

Comme le brocoli est attirant pour la piéride du chou, on contrôlera les larves, au besoin, avec du Bt. Là où la mouche du chou pose problème, la transplantation doit être retardée jusqu'au début de juin. Avant cette date, on protégera les plants avec un tissu plein-jour ou un agrotextile. Le brocoli, tout comme les autres crucifères, nécessite une humidité constante.

- Plantes compagnes : laitue, chicorée, épinard, bette à carde, moutarde, roquette, les autres choux.
- Plantes amies : le thym, la sarriette, la sauge et le souci en éloignent la piéride.
- Cultivars recommandés : Goliath, Waltham, De Cicco, Violet Queen (hybride mauve).

Carotte

Daucus carota
Carrot
Famille : ombellifères ou apiacées

La carotte est originaire du Moyen-Orient. Elle est devenue aujourd'hui un légume de base pour la plupart des peuples de la planète. Riche en carotène, la carotte se prête à de nombreux usages : jus, soupes, crudités, légumes d'accompagnement, gâteaux. On ne se lasse pas de sa saveur suave et délicate.

La carotte préfère un sol sableux, ameubli en profondeur et amendé légèrement avec du compost mûr. Le compost jeune et le fumier frais lui sont néfastes. On sème les graines à

1 cm de profondeur sur des rangs distants de 15 cm à raison de 1 semence aux 2 cm. On maintiendra le sol humide afin de favoriser une germination uniforme. La semence prend de 10 à 15 jours à germer, selon la température et les conditions d'humidité. On gagne à effectuer plusieurs semis, du début de mai à la mi-juin.

Durant l'été, on récolte çà et là les plus grosses carottes, ce qui éclaircit le rang et stimule la croissance de celles qui restent.

Dans certaines régions, la mouche de la carotte cause des ravages importants. Un agrotextile posé sur les plants en août et en septembre protège la racine des larves. Le compagnonnage permet de réduire la présence du ravageur (voir la page 228).

- Plantes compagnes : poivron, haricot, pois, pomme de terre, laitue, betterave, rutabaga, panais, chou-rave.

- Plantes amies : l'oignon, la coriandre, la sarriette et la sauge en éloignent la mouche de la carotte. Le radis aide à marquer le rang durant la germination.
- Cultivars recommandés : les différentes nantaises pour l'été, la Chantenay et la Berlicummer pour la conservation.

Céleri

Apium graveolens dulce
Celery
Famille : ombellifères ou apiacées

On cultive le céleri de préférence dans un sol organique et humide. Pour réussir sa culture dans des terres minérales (sableuses ou argileuses), on doit amender généreusement le sol avec du compost mûr et maintenir une humidité constante par une irrigation au goutte à goutte.

Le céleri réagit bien à une association avec des crucifères qui gardent leurs pieds à l'abri du soleil, ce qui les rend plus tendres et plus doux. On multiplie le céleri par semis intérieur. On le sème à la mi-mars pour une transplantation en mai, une fois les gels sévères passés. On le transplante sur des rangs distants de 30 cm, à 20 cm de distance sur le rang.

- Plantes compagnes : poireau, laitue, chicorée, roquette, fenouil, persil-racine.
- Plantes amies : tous les choux.
- Cultivars recommandés : Utah, Ventura, Conquistador, Golden Self Blanching.

Céleri-rave

Apium graveolens rapaceum
Celeriac
Famille : ombellifères ou apiacées

La culture du céleri-rave est peu répandue en Amérique du Nord. Ce légume racine gagne cependant à être découvert, car il permet de diversifier agréablement les salades d'hiver. Avec le légume râpé, des câpres et une mayonnaise bien relevée de moutarde, on prépare le céleri rémoulade, une salade tout simplement délicieuse.

Le céleri-rave, tout comme le céleri, est très exigeant. Il nécessite un sol riche, humide et bien amendé en compost mûr. On le propage tout comme le céleri. Il devrait cependant être semé 2 semaines plus tôt, car son temps de croissance est plus long.

- Plantes compagnes : céleri, poireau, laitue, fenouil, persil-racine, tous les choux.
- Cultivar recommandé : Géant de Prague, Mars.

Chicorée

Cichorium intybus
Cichorium endivia
Chicory
Famille : composées ou astéracées

On trouve sur le marché différentes chicorées qui méritent d'être découvertes, car elles permettent d'ajouter de l'amertume aux salades.

La chicorée frisée (*Cichorium endivia* var. *crispa*) et la radichetta (*Cichorium intybus*) sont des chicorées qu'on consomme plutôt jeunes. La première développe un feuillage frisé et croustillant ; la seconde s'apparente de près au pissenlit. Le radicchio (*Cichorium intybus*) vient du nord de l'Italie ; depuis l'avènement de la nouvelle cuisine, il est de plus en plus recherché. Sa couleur rouge pourpre, veinée de blanc, relève l'apparence et la saveur des salades. Son temps de croissance plus long et sa résistance à la chaleur en font une excellente verdure d'été et d'automne. L'escarole (*Cichorium endivia* var. *latifolia*) nécessite près de 90 jours de croissance à partir du repiquage, une centaine à partir du semis. On la récolte à l'automne, une fois sa pomme bien formée. La chicorée de forçage (*Cichorium intybus*) est en fait une chicorée sauvage sélectionnée ; elle se cultive principalement pour la production d'endives.

Les chicorées nécessitent un sol amendé avec du compost mûr ainsi qu'une humidité régulière. Les températures fraîches les rendent toutes plus douces. On propage les chicorées par semis intérieur ou par semis direct. Par semis intérieur, il faut compter 6 semaines du semis à la transplantation.

On transplante la chicorée frisée tôt au printemps sur des rangs distants de 30 cm, à 10 cm de distance sur le rang. Si on utilise le semis direct, on sèmera un peu plus serré, puis on éclaircit de façon à obtenir la densité recommandée. On cultive la radichetta de la même façon, mais on laisse 20 cm entre les plants. Même approche pour le radicchio auquel on laisse 30 cm sur le rang. On transplante l'escarole au printemps à tous les 45 cm. Si on procède par semis direct, on sème aux 8 cm, puis on éclaircit aux 45 cm. On peut aussi établir les chicorées au début d'août pour une récolte d'automne. C'est en cette saison qu'elles sont les meilleures.

On sème la chicorée de forçage sur des rangs distants de 30 cm à raison de 1 semence aux 4 cm; on éclaircit par la suite aux 15 cm. Pour la production d'endives, il faut, à la mi-octobre, tailler le feuillage des plants à 2 cm du collet; puis, quelques jours plus tard, on récolte les racines pivotantes qu'on laissera exposées quelques jours aux éléments. Ensuite, on taille les extrémités afin qu'elles mesurent 20 cm de longueur et on les conserve en chambre froide.

Pour produire les endives, on place les racines debout dans un seau rempli d'un terreau léger qu'on range dans une chambre obscure à 15 °C. De 5 à 6 semaines plus tard, selon la température, les chicons qui se seront développés pourront être récoltés pour la consommation.

- Plantes compagnes : laitue, moutarde, roquette, tous les choux, épinard, céleri.
- Cultivars recommandés :
  Chicorée frisée : Green Curled.
  Radichetta : Catalogna.
  Radicchio : Chioggia, Red Preco, Augusto, Palla Rossa.
  Escarole : Batavian, Maraîchère Très Fine.
  Endive : Witloof.

Chou chinois

Brassica rapa
Chinese cabbage
Famille : crucifères ou brassicacées

Le chou chinois est originaire d'Extrême-Orient. Il se prête bien à la culture d'automne.

On le sème à la fin de juillet à 1 cm de profondeur sur des rangs distants de 45 cm à raison de 1 semence aux 3 cm. On éclaircit par la suite à 30 ou 35 cm sur le rang. Un agrotextile posé en août le protégera de la mouche du chou et de la piéride. Pour réussir le chou chinois, on doit maintenir le sol humide en permanence.

- Plantes compagnes : radis d'hiver, épinard, laitue et autres verdures d'automne.
- Cultivars recommandés : Michihili, China King.

Chou de Bruxelles

Brassica oleracea gemmifera
Brussels sprouts
Famille : crucifères ou brassicacées

Le chou de Bruxelles est originaire de Belgique où il a été cultivé pendant plusieurs siècles avant de gagner la faveur des Français et des Anglais.

Tout comme les autres crucifères, le chou de Bruxelles apprécie les sols riches, humides et bien amendés avec du compost mûr. Il se transplante vers le 10 juin sur des rangs distants de 45 cm, à 35 cm de distance sur le rang. À la fin de septembre, on étête le plant pour favoriser le développement des petits choux à l'aisselle entre la tige principale et des feuilles ; on les récolte lorsqu'ils atteignent 4 cm de diamètre. On peut aussi récolter la tige entière qu'on conserve en chambre froide.

Le froid améliore la qualité gustative du chou de Bruxelles. Il peut facilement demeurer au jardin jusqu'au début de décembre. Avec les poireaux, ce sont les derniers légumes à être récoltés.

- Plantes compagnes : *laitue, épinard, chicorée, céleri, poireau, tous les choux.*
- Cultivars recommandés : Catskill, Jade, Red Bull.

Dès que l'inflorescence commence à se former, on doit la protéger du soleil en l'enrobant avec les feuilles qu'on attache avec un élastique. Si l'inflorescence est exposée au soleil, elle brunit. Le chou-fleur prend ensuite entre 10 et 14 jours à se former. On en trouve de couleur verte et orange ; ces cultivars ont l'avantage de ne pas brunir au soleil ; on n'a donc pas à attacher leurs feuilles.

- Plantes compagnes : *céleri, chicorée, laitue, moutarde, roquette, épinard, betterave, bette à carde.*
- Cultivars recommandés :
  Chou-fleur blanc : Andes, White Summer, Improved Snowball, Amazing.
  Chou-fleur vert : Brocoverde.
  Chou-fleur orange : Cheddar (H).

Chou-fleur

Brassica oleracea botrytis
Cauliflower
Famille : crucifères ou brassicacées

Originaire d'Asie mineure ou de Chypre, le chou-fleur serait apparu dans une culture de brocolis.

On propage le chou-fleur par semis intérieur ou par semis direct. À cause de sa faible tolérance au gel et à cause de la mouche du chou, mieux vaut attendre au 5 juin pour le mettre en terre. Pour produire de belles pommes, les choux-fleurs doivent être distants de 40 cm les uns des autres. Comme pour les autres choux, on contrôlera au besoin les larves de la piéride avec du Bt.

Chou pommé (vert, rouge et de Savoie)

Brassica oleracea capitata
Cabbage
Famille : crucifères ou brassicacées

Le chou pommé est originaire du nord de l'Europe. Il apprécie les climats frais. En raison de sa bonne conservation en chambre froide, il est surtout employé comme légume d'hiver. On trouve chez les grainiers des choux d'été et des choux de conservation, des choux verts et des choux rouges, ainsi qu'un chou pommé frisé qu'on appelle chou de Savoie.

Afin de prévenir les ravages dus à la mouche du chou, on ne transplante les choux au jardin qu'à partir du 5 ou 10 juin, selon les régions. On cultive le chou pommé dans un sol amendé avec du compost mûr sur des rangs distants de 45 cm, à 40 cm sur le rang. Pour contrôler les larves de la piéride du chou, on vaporisera au besoin avec du Bt (voir les pages 224 et 230). On récolte le chou de conservation avant les fortes gelées. Le chou d'été, plus rapide à mûrir, doit être récolté dès qu'il est prêt, sinon les pommes risquent de fendre. Il se conserve moins longtemps.

- Plantes compagnes : céleri, laitue, chicorée, épinard, betterave, bette à carde, poireau, poivron, moutarde, roquette.
- Plantes amies : le souci, la sariette, le thym et la sauge en éloignent la piéride.
- Cultivars recommandés :
  Chou vert d'été : Early Jersey Wakefield, Golden Acre, Glory of Enkhuizen, Primax.
  Chou vert de conservation : Langedijker Starwinter, Danish Ballhead.
  Chou rouge : Langedijker Red, Red Express.
  Chou de Savoie : Savoy King, Chieftain Savoy.

Chou-rave

Brassica oleracea gongylodes
Kohlrabi
Famille : crucifères ou brassicacées

Le chou-rave est un légume d'été rafraîchissant qui gagne à être découvert. Son goût se situe entre celui de la pomme et du navet. On le consomme principalement cru.

On multiplie le chou-rave par semis direct à partir de la mi-mai. En raison de son temps de croissance relativement court, on peut effectuer quelques semis à 2 semaines d'intervalle ; cela assure une récolte échelonnée sur une plus longue période. On sème les graines à 1 cm de profondeur aux 4 cm sur des rangs distants de 20 cm, puis on éclaircit aux 12 cm. Environ 50 jours après le semis, le légume est prêt à être consommé. Il existe des cultivars de couleur verte, plus doux, et d'autres, de couleur mauve, au goût plus prononcé.

■ Plantes compagnes : betterave, carotte, oignon, rutabaga, panais, laitue, chicorée.
■ Cultivars recommandés : White Vienna (pomme verte), Purple Vienna (pomme mauve).

On s'en sert surtout pour sculpter des têtes amusantes pour la fête de l'Halloween, mais elle gagne à être employée pour la confection de mets : potages, plats mijotés, bouillis, quiches, gâteaux et tartes à base de citrouille méritent une place de choix sur nos tables d'automne. La saveur de la citrouille est agréable et son apport calorique important.

On sème la citrouille au début de juin à 2 cm de profondeur à raison de 1 semence aux 30 cm sur des planches de 1,5 m de largeur amendées avec du compost jeune. On éclaircit au mètre en laissant les plus beaux plants. L'entretien se fait comme pour les courges.

■ Plantes compagnes : maïs et autres cucurbitacées.
■ Plante amie : la marjolaine.
■ Cultivars recommandés : Styrian, Connecticut Field, Autumn Gold, Small Sugar, Big Max, Atlantic Giant.

Citrouille

Cucurbita pepo
Pumpkin
Famille : cucurbitacées

Lorsque les premiers Européens arrivèrent en Amérique, la culture de la citrouille était largement répandue chez les Amérindiens. Ce fruit constituait, avec le maïs et les haricots, leur principale source de glucides. La citrouille, en réalité une courge d'hiver, est bien adaptée à nos conditions climatiques. Elle apprécie les sols riches en matière organique.

Concombre

Cucumis sativus
Cucumber
Famille : cucurbitacées

Le concombre, originaire d'Extrême-Orient, est devenu, avec le temps, le melon des nordiques. Son temps de croissance relativement court permet de bonnes récoltes, même dans les zones à saison écourtée. On le propage par semis direct idéalement dans un sol léger, enrichi de compost jeune. Lorsque le sol est réchauffé et que les risques de gel sont passés (entre le 1er et le 15 juin selon les régions), on sème 1 graine aux 15 cm au centre d'une planche de 1 m de largeur, puis on éclaircit aux 30 cm.

Les cultivars monoïques produisent des fleurs mâles et femelles ; on n'a donc pas à se préoccuper de la pollinisation. Cependant, les cultivars gynoïques ne produisent que des fleurs femelles ; cela les rend plus productifs, mais on doit leur associer 1 semence d'un cultivar monoïque pour 6 du cultivar gynoïque. Les semences du cultivar monoïque sont identifiées dans le sachet par une couleur.

On ne peut cultiver à l'extérieur les concombres développés pour la culture en serre. Cependant, l'hybride Sweet Success, tout comme les concombres moyen-orientaux, dispose des mêmes caractéristiques qu'un concombre de serre même lorsque cultivé à l'extérieur.

Les cultivars dits sans amertume ou « bitterfree » sont exempts de cucurbitacine, ce qui les rend moins attrayants pour la chrysomèle rayée du concombre, un coléoptère vorace et vecteur de maladies ; on les choisira là où le ravageur sévit. Un agrotextile placé

sur les jeunes plants permet également de prévenir les dommages de l'insecte (voir la page 231).

Il existe aussi des cultivars de concombres développés pour les marinades; leurs fruits sont plus petits et dotés d'une peau épineuse. Ils font également d'excellents concombres de table.

- Plantes compagnes : maïs, artichaut, tomate, aubergine.
- Plante amie : la marjolaine le protège des insectes.
- Cultivars recommandés : Marketmore, Straight Eight, Sweet Slice (H), Sweet Success (H), Diva (cultivar hybride moyen-oriental), Northern Pickling (cornichon).

Courge d'hiver

Cucurbita pepo, Cucurbita moschata, Cucurbita maxima
Winter squash
Famille : cucurbitacées

La forme, la taille et la couleur des courges d'hiver varient considérablement selon les cultivars. Ces cucurbitacées, de plus en plus populaires, permettent de diversifier le menu d'hiver. D'origine américaine pour la plupart, les courges d'hiver sont bien adaptées à nos conditions climatiques. Elles sont faciles à cultiver et nécessitent peu d'entretien. Elles préfèrent un sol léger bien amendé avec du compost jeune.

On sème les courges d'hiver au début de juin sur des planches de 1,5 m de largeur à raison de 1 semence aux 30 cm, puis on éclaircit aux 60 cm; les graines sont enfouies à 2 cm de profondeur. De 3 à 4 semaines avant le premier gel, on éliminera les nouveaux fruits qui se formeront car ils ne parviendraient pas à maturité. Le premier gel important abîmera le feuillage, mais non les fruits. Ceux-ci devront toutefois être récoltés avant le gel subséquent, car sans feuillage protecteur, leur peau serait abîmée, ce qui nuirait à leur conservation.

La chrysomèle rayée doit absolument être contrôlée, car en plus d'être vorace, elle est vectrice de maladies virulentes (voir la page 231).

- Plante compagne : maïs.
- Plante amie : la marjolaine les protège des insectes.
- Cultivars recommandés : Turban, Waltham Butternut, Delicata, Sweet Dumpling, Vegetable Spaghetti, Rouge vif d'Étampes, Galeux d'Eysines, Blue Hubbard.

Épinard

Spinacia oleracea
Spinach
Famille : chénopodiacées

L'épinard, en raison de sa précocité, répond bien au printemps à nos besoins en chlorophylle et en minéraux. Sa culture est favorisée en sol argileux.

Dès que la terre est drainée, on le sème dans un sol amendé avec du compost mûr sur des rangs distants de 45 cm à raison de 1 semence aux 5 cm. Au fur et à mesure que les plants se développent, on éclaircit de façon que les plants ne se touchent pas, une trop forte densité favorisant la montée en graines. Les derniers plants seront distants de 20 à 25 cm. Pour obtenir de bons rendements, on doit garder le sol humide. On peut aussi effectuer un semis au début d'août pour une récolte d'automne.

- Plantes compagnes : asperge, laitue, mâche, chicorée, moutarde, tous les choux.
- Cultivars recommandés : Bloomsdale Dark Green, Giant Winter, Melody (H).

Haricot

Phaseolus vulgaris
Bean
Famille : légumineuses ou fabacées

La plupart des haricots modernes sont originaires d'Amérique, où les Amérindiens les cultivaient en compagnonnage avec le maïs. Ils ont été rapidement adoptés par les Européens, qui en ont fait un aliment courant. Aujourd'hui, on cultive dans la plupart des jardins occidentaux des haricots pour consommer frais ou secs ; certains sont nains alors que d'autres sont grimpants. Leur culture est facile et peu exigeante.

On cultive les haricots nains en rangs distants de 45 cm. On les sème une fois les risques de gel passés à 2 cm de profondeur à raison de 1 semence aux 5 cm.

Les haricots grimpants doivent être conduits sur tuteurs qu'on peut faire à partir de grillage à poules ou de longues branches disposées en forme de tente. Les plants peuvent facilement atteindre 2 mètres de hauteur. On sème les haricots grimpants à raison de 1 graine aux 8 cm sur des rangs distants de 1 m ou, tout autour de la tente de branches, également aux 8 cm.

Les haricots grimpants bénéficient normalement d'une meilleure qualité gustative que les haricots nains et ils produisent plus longtemps.

Les haricots grimpants sont pour la plupart de couleur verte, alors qu'on trouve des haricots nains de couleur verte, jaune et mauve, ces derniers tournant au vert à la cuisson.

Pour maximiser les rendements, on peut inoculer les semences avec la bactérie *Rhizobium phaseoli*, présente dans les inoculants à jardin. On n'a pas besoin d'amender le sol si une fertilisation organique a été réalisée l'année précédente.

- Plantes compagnes : pois, pomme de terre, betterave, carotte, rutabaga, panais, chou-rave, radis.
- Cultivars recommandés :
  Haricot nain : Slenderette, Bush Blue Lake (vert), Beurre de Rocquencourt (jaune), Gold Rush (jaune), Royal Burgundy (mauve).
  Haricot vert grimpant : Blue Lake.

Laitue

Lactuca sativa crispa (en feuilles)
Lactuca sativa capitata (pommée, semi-pommée)
Lactuca sativa longifolia (romaine)
Lettuce
Famille : composées ou astéracées

On trouve aujourd'hui plusieurs catégories de laitues avec chacune leur saveur, leur robe et leur comportement. On cultive les laitues, du printemps à l'automne, dans un sol bien amendé avec du compost mûr. Pour atteindre une belle qualité, l'humidité doit être constante. On propage les laitues par semis direct ou par semis intérieur.

On cultive les laitues en feuilles sur des rangs distants de 30 cm à raison de 1 plant aux 20 cm. Quant aux laitues semi-pommées, romaines et pommées, on procède sur des rangs distants de 45 cm à raison de 1 plant aux 30 cm. Si on les propage par semis direct, on espace les graines aux 4 cm, puis on éclaircit par la suite à la densité recommandée. On recouvre les semences de 1 cm de terre.

En été, lorsque la chaleur devient plus intense, la qualité des laitues diminue : leur goût devient plus âcre et elles ont tendance à monter en graines. Les laitues de type feuille de chêne et les cultivars à feuillage rouge résistent mieux à la chaleur. On peut durant cette période les cultiver dans des endroits semi-ombragés.

- Plantes compagnes : tous les choux, chicorée, moutarde, roquette, épinard, betterave, poivron, céleri, asperge.
- Cultivars recommandés :
  Laitues en feuilles : Black Seeded Simpson (verte), Red Sails (rouge), Merlot (rouge), Fiere (rouge), Red Salad Bowl (feuille de chêne rouge), Fine Cut Oak (feuille de chêne verte).
  Laitue semi-pommée (de type Boston) : Buttercrunch (verte), Divina (verte), Merveille des Quatre Saisons (rouge), Sangria (rouge).
  Laitue romaine : Paris Island, Pic, Oreille du Diable (feuilles rougeâtres).
  Laitue pommée : Ithaca, Mini Lake, Cardinale (rouge).

Maïs

Zea mays
Corn
Famille : graminées

Le maïs est originaire d'Amérique. On en a trouvé des traces très anciennes au Pérou, en Bolivie ainsi qu'au Mexique. À l'arrivée de Christophe Colomb, cette plante était cultivée sur tout le continent américain. Elle demeure toujours la base alimentaire de nombreux peuples autochtones d'Amérique.

Pour les jardiniers nord-américains, le maïs est synonyme de chaleur, d'abondance et de festivités. Sa culture, bien adaptée à nos conditions climatiques, nécessite cependant un certain espace. Un minimum de quatre rangs est nécessaire à une bonne fécondation des fleurs.

On sème le maïs dans un sol généreusement amendé avec du compost jeune 10 jours avant la date du dernier gel sur des rangs distants de 75 cm à raison de 1 semence aux 5 cm. On éclaircira aux 10 cm. On contrôle les plantes adventices par un sarclage régulier ; du trèfle rouge peut être établi en culture intercalaire une fois que les plants ont atteint 20 cm.

Parfois se développe sur les épis un champignon massif et grisâtre qu'on appelle le charbon ; aucun traitement n'existe pour enrayer son développement : les épis atteints doivent être brûlés ou mis aux rebuts.

- Plantes compagnes : courge, citrouille, concombre, melon.
- Cultivars recommandés : Seneca Horizon, Double Standard, Bantam doré, Kandy Corn (H), Kandy King (H).

Melon

Cucumis melo reticulatus (melon brodé)
Cucumis melo inodorus (melon de miel)
Citrullus lanatus (melon d'eau)
Melon
Famille : cucurbitacées

On s'accorde de plus en plus à dire que le melon est originaire de l'Afrique tropicale et subtropicale, ce qui explique ses besoins élevés en chaleur. Grâce aux sélections et aux croisements effectués, on peut maintenant le réussir à plus haute latitude et altitude. On doit cependant opter pour des cultivars adaptés au climat.

Cinq semaines avant la date prévue du dernier gel, on sème le melon à l'intérieur en pots de 8 cm de diamètre dans un terreau de germination à raison de 2 semences par pot. Deux semaines plus tard, on coupera au ciseau le plant le moins développé. On transplantera les plants avec délicatesse, sans défaire la motte de terre, à 60 cm de distance les uns des autres au centre d'une planche de 1,25 m de largeur amendée avec un compost moyennement décomposé.

Si la chrysomèle rayée du concombre est observée, on doit protéger les plants avec un agrotextile, car le ravageur est vorace et il transmet le flétrissement bactérien et la mosaïque du concombre, deux maladies pour lesquelles il n'existe pas de traitement.

Le moment de la récolte joue beaucoup sur la qualité du fruit; un melon ne développe pas de sucre une fois cueilli; trop mûr, il présente un goût de fermentation. La couleur de la peau est un indice important de maturité. Les melons brodés tournent à l'orangé, les melons de miel, au jaune et les melons d'eau voient leur tache blanche au point de contact avec le sol se teinter légèrement de jaune. Les fruits mûrs se détachent facilement du pédoncule. Afin de les protéger de la pourriture, on devrait les placer sur une planchette de bois de sorte qu'ils ne soient pas en contact direct avec le sol.

- Plantes compagnes : maïs, courge, citrouille, concombre.
- Plante amie : la marjolaine le protège des ravageurs.

- Cultivars recommandés :
Melon charentais : Noir des Carmes, Savor (H).
Melon brodé : Oka, Sweet Granite, Alaska, Halona, Earliqueen (H).
Melon de miel : Passport (H), Earlidew (H).
Melon d'eau : Cream of Saskatchewan (chair jaune), Sugar Baby (chair rouge), Sangria (hybride rouge), Orange Sweet (hybride à chair orangée).

Navet

Brassica rapa rapifera
Turnip
Famille : crucifères ou brassicacées

Comme son cousin le rutabaga, le navet est originaire du bassin méditerranéen. Légume racine de printemps, il se conserve quelques mois en chambre froide.

On le sème à 1 cm de profondeur sur des rangs distants de 30 cm à raison d'une semence aux 5 à 6 cm. On éclaircira par la suite aux 12 cm. Le navet se contente d'une fertilisation organique faite l'année précédente. On doit le protéger en mai de la mouche du chou par un agrotextile. Les fanes du navet sont excellentes cuites à la vapeur.

- Plantes compagnes : radis, laitue, épinard, moutarde, roquette, mâche, choux, pois, haricot, betterave, carotte.
- Cultivars recommandés : Blanc à collet violet, Scarlet Queen (hybride rouge).

Oignon

Allium cepa
Onion
Famille : liliacées

L'oignon est originaire d'Asie occidentale. Devenu un légume incontournable pour la majorité des peuples de la terre, il devrait occuper une place de choix au jardin.

On multiplie l'oignon par semis intérieur ou par la plantation d'oignonets. Le semis se fait au début de mars pour une transplantation tôt en mai sur des rangs distants de 20 cm à raison de 1 plant aux 15 cm. On sème les oignonets le plus tôt possible au printemps à la même densité. On les enfonce dans le sol de sorte qu'ils ne soient plus visibles.

Dans les cas où la mouche de l'oignon cause des ravages, on peut tenter un contrôle avec du lessis (voir les pages 223 et 228). Une transplantation hâtive prévient normalement ce problème.

Les oignons sont sensibles au mildiou et à la brûlure de la feuille, deux maladies fongiques. On les contrôlera par des vaporisations préventives. Une vaporisation avec une solution de lait à 10 % est très efficace contre le mildiou. Il faut éviter un compagnonnage trop intensif qui créerait une trop forte densité, nuisible à la circulation d'air.

- Plantes compagnes : betterave, carotte, panais, chou-rave, rutabaga.
- Cultivars recommandés :
  Oignon de table jaune : Early Yellow Globe, New York Early, Copra (H).
  Oignon rouge : Red Man, Rouge de Florence.
  Oignon espagnol : Ailsa Craig, Super Star (H).

Panais

Pastinaca sativa
Parsnip
Famille : ombellifères

Originaire d'Europe et d'Asie, le panais bénéficie d'une saveur douce et parfumée qui permet de diversifier agréablement les menus d'hiver. Le panais préfère les sols légers, ameublis en profondeur. Il se contente d'une fertilisation organique faite l'année précédente. On peut toutefois faire un léger apport de compost mûr pour sa culture.

On multiplie le panais par semis direct. On le sème tôt au printemps à 2 cm de profondeur sur des rangs distants de 15 cm à raison de 1 semence aux 3 cm. On éclaircit par la suite aux 7 ou 8 cm. Comme le temps de croissance de cette racine est long, on ne la récolte qu'en automne. Le panais survit bien à l'hiver québécois sans protection; on peut donc conserver quelques racines au jardin pour consommation printanière.

- Plantes compagnes : betterave, rutabaga, carotte, pomme de terre, chou-rave.
- Cultivar recommandé : Hollow Crown.

Piment et poivron

Capsicum annuum
Pepper
Famille : solanacées

Le piment et le poivron sont originaires des régions tropicales et subtropicales d'Amérique centrale où ils ont été cultivés par les Aztèques pendant des milliers d'années. Christophe Colomb les a rapportés en Europe. Le poivron y a été adopté comme légume exotique, alors que le piment est devenu un condiment important, consommé aujourd'hui par la majorité des peuples des tropiques.

Les piments et les poivrons sont moins exigeants que leurs cousines, les tomates et les aubergines. Un sol trop riche favorise le développement du feuillage au détriment de la

mise à fruit. Une abondante fertilisation organique réalisée l'année précédente convient bien à leurs besoins. Autrement, un apport léger de compost mûr leur suffit. Les nuits trop fraîches tout comme les fortes chaleurs causent la chute des fleurs.

On multiplie le poivron et le piment par semis intérieur. On les sème à la mi-mars et on les transplante au jardin une fois que les risques de gel sont passés. Les rangs seront distants de 40 cm et les plants seront espacés de 30 cm sur le rang. Les fruits changent de couleur s'ils sont laissés assez longtemps sur le plant. Leur taux de vitamine C et de provitamine A est alors plus élevé. Le poivron est d'ailleurs un des fruits les plus riches qui soient en vitamine C.

■ Plantes compagnes : carotte, oignon, rutabaga, betterave, panais, pois, haricot, courgette, concombre, aubergine.

■ Cultivars recommandés :
Poivron : King of the North, Lipstick, Rond de Hongrie, Sweet Chocolate, Ace (H), Gypsy (hybride jaune).
Piment : Early Jalapeño, Hungarian Wax, Caribbean Red, Cow Horn.

Poireau

Allium porrum
Leek
Famille : liliacées

Le poireau cultivé est issu d'une espèce sauvage encore répandue sur les rivages du nord de l'Afrique, en Europe méridionale, en Asie occidentale ainsi que dans le Caucase. Il est populaire en France depuis longtemps, alors qu'en Amérique on l'intègre depuis peu aux préparations culinaires. Ce légume gagne cependant à être découvert, car il remplace ou complète avantageusement l'oignon dans les plats.

La culture du poireau est relativement facile. Il lui faut un sol riche, bien amendé avec du compost mûr. On multiplie la plante par semis intérieur de 10 à 12 semaines avant la date prévue de transplantation, qui peut s'échelonner au Québec de la mi-mai à la mi-juin.

On transplante le poireau dans des tranchées de 8 cm de profondeur sur des rangs distants de 30 cm à raison de 1 plant aux 8 cm. Au fur et à mesure que les plants se développent, on les renchausse de façon à favoriser la formation d'un long fût blanc, une qualité recherchée pour le poireau. On récolte les plus gros sujets en premier, ce qui éclaircit le rang et permet aux plus petits de prendre du volume.

Le poireau résiste bien au gel; il hiverne facilement au jardin lorsque la couverture de neige est bonne.

■ Plantes compagnes : céleri-rave, céleri, tous les choux.

■ Cultivars recommandés : Carentan, Bandit, Ramona, Autumn Giant, Alaska, King Richard, Bleu de Solaize.

Pois

Pisum sativum
Pea
Famille : légumineuses ou fabacées

Le pois cultivé est issu d'une espèce sauvage qu'on trouve encore en Europe méridionale, dans le bassin méditerranéen, en Asie centrale et en Afghanistan. Il existe aujourd'hui plusieurs types de pois cultivés, les principaux étant les pois à écosser, les pois secs, les pois des neiges et les pois mange-tout. On trouve des cultivars nains et grimpants; cependant, ils ont tous avantage à être soutenus.

Comme le pois apprécie le climat frais, on le cultive tôt en saison. On sème les pois nains à 2 cm de profondeur sur des rangs distants de 45 cm à raison de 1 semence aux 3 cm. On dispose les graines de pois grimpants aux 5 cm sur des rangs distants de 1 m. Afin d'accroître les rendements, on peut inoculer les semences avec la bactérie *Rhizobium leguminosarum*, normalement présente dans les inoculants à jardin.

■ Plantes compagnes : rutabaga, haricot, carotte, pomme de terre, radis, betterave, poivron.

■ Cultivars recommandés :
Pois à écosser : Lincoln, Progress.
Pois sec : Soldier, Canneberge.
Pois mange-tout : Sugar Ann (nain), Sugar Snap (grimpant).
Pois des neiges : Oregon Sugar (nain), Norli (nain), Mammoth Melting Sugar (grimpant).

Pomme de terre

Solanum tuberosum
Potato
Famille : solanacées

La pomme de terre est originaire d'Amérique du Sud où on la trouve encore aujourd'hui sous de multiples formes. Après que les Espagnols l'eurent rapportée en Europe, elle est rapidement devenue un féculent de base. Aujourd'hui, sa culture est répandue partout en Occident.

La pomme de terre est une plante vivace à multiplication végétative, c'est-à-dire qu'elle se propage par la plantation d'un tubercule. Pour obtenir une abondante récolte, il importe de multiplier les pommes de terre à partir de tubercules de qualité, exempts de maladie. On trouve sur le marché des pommes de terre de semence, vendues expressément pour cet usage. Cependant, si on produit des plants sains et qu'on récolte des tubercules de qualité, on peut conserver ceux de la grosseur d'un œuf pour semer l'année suivante.

Deux semaines avant la date prévue du semis, il est avantageux de faire prégermer les pommes de terre de semence à la lumière, à température ambiante ; au moment du semis, les germes seront verts, courts et trapus.

La pomme de terre préfère un sol sableux, légèrement acide et amendé avec du compost mûr. On ne doit jamais appliquer de chaux ou de cendre avant sa culture. On sème les tubercules à la mi-mai en rangs distants de

75 cm à raison de 1 tubercule aux 20 cm, à 10 cm de profondeur. Au fur et à mesure que croît le plant, on le renchausse de sorte que les nouveaux tubercules qui se développent ne soient pas exposés à la lumière; celle-ci les ferait verdir et développer de la solanine toxique. Une humidité régulière est essentielle au rendement, surtout pendant et après la floraison.

Le doryphore de la pomme de terre est le principal ennemi de la pomme de terre. On le contrôlera au stade adulte par récolte manuelle quotidienne, sinon on s'expose aux ravages de ses larves (voir la page 225).

On peut déjà soutirer quelques tubercules à partir de la floraison. La récolte pour la conservation se fait habituellement en septembre, de 2 à 3 semaines après l'assèchement du feuillage : la peau est alors plus épaisse et la pomme de terre est prête pour l'entreposage en chambre froide.

- Plantes compagnes : pois, carotte, panais, rutabaga, betterave.
- Plantes amies : le haricot nain améliore sa croissance et en éloigne le doryphore.
- Cultivars recommandés :
  Pomme de terre blanche : Yukon Gold (chair jaune), Ratte (chair jaune), Netted Gem, Kennebec.
  Pomme de terre rouge : Red Gold (chair jaune), Ruby Gold (chair jaune), Chieftain, Norland, Pontiac.
  Pomme de terre bleue : Viking Purple, Caribe, Peruvian Blue, Crotte d'ours, Adirondack Blue.

Radis

Raphanus sativus radicula (radis de printemps)
Raphanus sativus major (radis Daïkon)
Raphanus sativus nigra (radis noir)
Radish
Famille : crucifères ou brassicacées

On classe les radis en trois principales catégories. La plus connue en Occident est le radis de printemps, appelé aussi petit radis rouge. On trouve aussi un radis long et blanc, d'origine japonaise, qu'on nomme le radis Daïkon. Le troisième est le radis noir, qui atteint facilement 15 cm de diamètre; il se conserve bien en chambre froide tout comme le Daïkon. On trouve aussi des radis de conservation de même type, mais à chair rouge ou verte.

On propage les radis par semis direct. Ils produisent bien dans les sols riches et humides, amendés l'année précédente avec de la matière organique. Si on doit fertiliser, on le fera avec du compost mûr. Dès que le sol se travaille, on sème le radis de printemps à 1 cm de profondeur à raison de 1 semence aux 2,5 cm sur des rangs distants de 15 cm. En échelonnant les semis, on prolonge la récolte. On établit le radis Daïkon en juillet pour une récolte d'automne. On sème à 1 cm de profondeur 1 semence aux 4 cm sur des rangs distants de 30 cm ; puis on éclaircit aux 12 cm. On récolte la racine lorsqu'elle atteint 20 cm de longueur. On sème le radis noir à la mi-juillet pour une récolte d'automne. On met 1 graine aux 6 cm sur des rangs distants de 30 cm puis on éclaircit aux 12 cm.

Le principal ennemi du radis est la mouche du chou, dont la larve investit la racine, ce qui la rend véreuse. On observe au Québec 2 cycles : le premier en mai, et le second en août (selon les régions et les années, il peut y avoir des fluctuations). Comme il n'existe pas d'insecticide biologique éprouvé pour contrôler ce ravageur, on doit protéger les cultures avec un agrotextile pendant la période de ponte (voir les pages 220 et 227).

- Plantes compagnes : carotte, betterave, rutabaga, panais, haricot, pois, épinard, laitue, chicorée, tous les choux, asperge.
- Cultivars recommandés :
  Radis de printemps : Cherry Belle, Red Pearl, French Breakfast, Pink Beauty.
  Radis Daïkon : Nerima, Miyashige, Mikura.
  Radis noir : Rond noir espagnol, Red Meat (chair rouge).

Rutabaga

Brassica napus napobrassica
Turnip
Famille : crucifères ou brassicacées

Le rutabaga, également appelé chou de Siam, est cultivé depuis si longtemps qu'on n'en connaît pas avec certitude l'origine. On en trouve encore à l'état sauvage en Algérie, ce qui laisse croire qu'il pourrait être originaire d'Afrique du Nord.

On cultive le rutabaga de préférence en sol léger. Il ne nécessite aucun apport de compost si une abondante fertilisation organique a été effectuée l'année précédente. On le sème vers le 10 juin à 1 cm de profondeur sur des rangs distants de 30 cm à raison de 1 semence aux 3 cm ; on éclaircit par la suite aux 12 à 15 cm.

Au début d'août, afin de prévenir les ravages dus à la larve de la mouche du chou, il faut dégager la racine de la terre qui l'entoure, ne laissant que les petites racines en terre ; ainsi, la larve ne peut investir la partie comestible du plant. On peut aussi protéger le légume avec un agrotextile.

On récolte le rutabaga à la fin d'octobre. Il se conserve facilement en chambre froide jusqu'en juin.

- Plantes compagnes : pois, betterave, carotte, chou-rave, haricot, panais, oignon.
- Cultivars recommandés : Laurentien, Helenor.

Tomate

Lycopersicon esculentum
Tomato
Famille : solanacées

La tomate est le fruit le plus cultivé sur la surface du globe. Originaire des hautes vallées des Andes, elle s'est très bien adaptée aux conditions climatiques européennes et nord-américaines. Les multiples sélections et croisements réalisés sur l'espèce ont permis sa culture jusqu'en zone 3. On trouve aujourd'hui des fruits aux couleurs, aux formes et aux saveurs très diversifiées. Il existe peu de jardins potagers dépourvus de quelques spécimens de cette solanacée.

Il importe de distinguer 2 catégories de plants : les déterminés et les indéterminés. Les plants déterminés sont compacts, hâtifs et produisent, dans la plupart des cas, des fruits moins savoureux. Leur récolte est échelonnée sur une courte période. Ils n'ont pas besoin d'être tuteurés, mais ils sont plus faciles à gérer s'ils sont soutenus. Les indéterminés se développent tant que le climat et le sol le permettent. Ils sont plus tardifs et productifs et leurs fruits, plus savoureux. Ils doivent absolument être tuteurés.

Les tomates nécessitent des apports abondants de compost jeune. On les sème au début d'avril pour une transplantation au jardin à la fin de mai. On établit les plants sur des rangs distants de 60 cm, espacés de 45 cm

sur le rang dans le cas des déterminés et de 60 cm dans le cas des indéterminés. Les plants gagnent à être protégés du vent, du soleil et du froid durant les 2 semaines qui suivent la transplantation. On peut utiliser à cet effet un sac de papier dont on a retiré le fond et qu'on maintient autour du plant par 4 piquets.

Pendant la croissance du plant, on taille les drageons, les tiges qui se développent à l'aisselle des feuilles et de la tige principale. Quatre semaines avant le gel, on taille les nouvelles fleurs de façon à concentrer l'énergie du plant sur les fruits déjà formés. Une irrigation régulière au goutte à goutte prévient le craquement vertical des fruits. Des vaporisations avec une solution de lait à 10 % préviennent efficacement les maladies fongiques.

- Plantes compagnes : artichaut, concombre, aubergine, persil, basilic.
- Cultivars recommandés :
  Tomate rouge : Mountain Princess (déterminée), Oregon Spring (déterminée), Brandywine (indéterminée).
  Tomate rose : Savignac (indéterminée), Brandywine Pink (indéterminée).
  Tomate italienne : Maria (indéterminée), San Marzano (indéterminée).
  Tomate jaune : Taxi (déterminée), Jubilée jaune (indéterminée), Orange Bourgoin (indéterminée).
  Tomate cerise : Cherry Fox (indéterminée), Washington Cherry (déterminée), Sun Drop (indéterminée, orange), Abel (déterminée, jaune), Gold Nugget (déterminée, poire jaune).

Zucchini

Cucurbita pepo
Zucchini
Famille : cucurbitacées

Le zucchini qu'on appelle aussi courgette est une courge d'été qu'on consomme immature. Comme il est très productif, 2 ou 3 plants répondent amplement aux besoins d'une petite famille.

On cultive le zucchini en planches généreusement amendées avec du compost jeune. On sème 1 semence aux 15 cm, puis on éclaircit aux 60 cm.

On récolte les fruits lorsqu'ils atteignent de 12 à 15 cm de longueur. Une récolte régulière favorise une production abondante et une qualité supérieure. La peau du zucchini étant fragile, on doit manipuler délicatement les fruits au moment de la récolte. Lorsque la chrysomèle rayée du concombre est présente, on protégera les plants jusqu'à la floraison avec un agrotextile. On trouve des cultivars à fruits verts et d'autres à fruits jaunes.

- Plantes compagnes : maïs, concombre, tomate, artichaut, aubergine.
- Cultivars recommandés : Dark Green, Black Beauty, Costata Romanesco, Yellow Crookneck (courge d'été à cou tors de couleur jaune).

Calendrier pour les semis directs et les transplantations à l'extérieur*

Fin avril   *Semis direct* : ail de printemps, oignonet

Début mai   *Semis direct* : radis (1er semis), pois, épinard, laitue (1er semis), chicorée, roquette, moutarde

    Transplantation : laitue (1er semis), oignon, poireau

Mi-mai   *Semis direct* : carotte, betterave et chou-rave (1er semis), radis (2e semis), panais, salsifis, bette à carde, pomme de terre, tournesol

    Transplantation : artichaut, tournesol, chicorée, persil

Fin mai   *Semis direct* : maïs

    Transplantation : tomate et melon (avec protection), brocoli et chou-fleur (1er semis), céleri, céleri-rave

Début juin   *Semis direct* : carotte (2e semis), haricot (1er semis), laitue (2e semis), courge, citrouille, concombre

    Transplantation : chou pommé, chou de Bruxelles, laitue (2e semis)

Dernier gel   *Semis direct* : betterave et chou-rave (2e semis),
(vers le 10 juin)   rutabaga, basilic

    Transplantation : aubergine, poivron, piment, tomate, cerise de terre, melon, brocoli et chou-fleur (2e semis), tagète, sarriette, thym, romarin, basilic, sauge, la plupart des fleurs

20 juin   *Semis direct* : haricot (2e semis)

Début août   *Semis direct* : laitue, chicorée, épinard, roquette, moutarde

    Transplantation : laitue (3e semis)

Fin octobre   *Semis direct* : ail d'automne

* Ce calendrier a été conçu pour la zone 4, donc pour l'Estrie, Lanaudière, la Mauricie, le Centre du Québec et les Basses Laurentides. Pour Montréal et sa banlieue, on peut devancer les interventions de 2 semaines. Dans les Hautes Laurentides, dans Charlevoix, au Lac Saint-Jean, en Abitibi, en Gaspésie et sur la Côte-Nord, on les retardera de 2 semaines.

Le semis direct

La transplantation

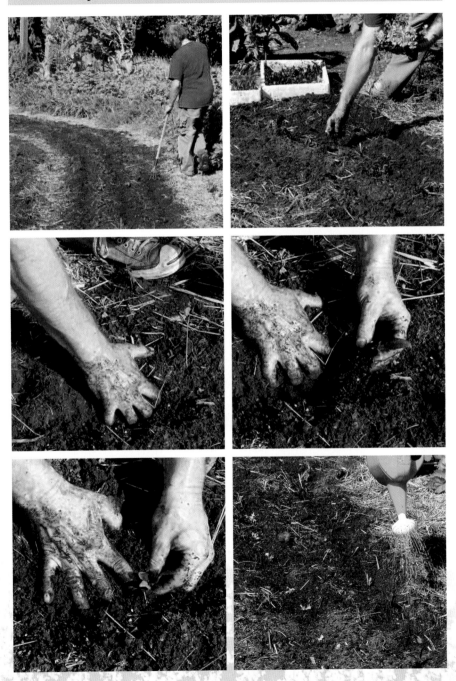

Chapitre 16

Les herbes aromatiques

Fraîches et biologiques,
les herbes aromatiques surpassent
sans contredit toutes les herbes
offertes par l'industrie. Rien
ne vaut, en effet, la saveur
d'une salade de tomates relevée
de quelques feuilles de basilic,
ou encore celle de pizzas
et de pâtes assaisonnées avec
de l'origan grec, tout juste séché.

Romarin en pot

Aucune tisane commerciale, qu'elle soit en sachet ou en vrac, ne se compare à une infusion de menthe, de mélisse ou de verveine fraîchement récoltée.

Utilisées à bon escient, les herbes sont plus efficaces que certains médicaments. Ainsi, la menthe facilite la digestion, la sauge soulage le rhume, le thym calme la toux et la camomille prédispose au sommeil.

Dans le jardin, les herbes ajoutent une grande valeur ornementale. Par surcroît, grâce à leur forte fragrance, elles perturbent le système de repérage de nombreux insectes.

Pour que les herbes offrent tous leurs bienfaits, il faut les cultiver naturellement. Non seulement deviennent-elles plus concentrées en substances actives, mais elles sont libres de résidus de pesticides.

Les herbes commerciales sont pour la plupart produites industriellement avec une utilisation massive de produits de synthèse. Elles sont souvent cultivées dans des pays en voie de développement où on vaporise encore des pesticides toxiques, dont un bon nombre sont interdits ici. De plus, une fois récoltées, elles sont souvent fumigées pour les débarrasser de leurs parasites. Et comme les herbes sont considérées par l'Agence canadienne de réglementation de la lutte antiparasitaire comme des aliments marginaux qu'on consomme en petite quantité, très peu de surveillance est effectuée quant aux résidus de pesticides qu'elles contiennent. La solution à cette situation consiste à acheter des herbes biologiques locales ou, mieux encore, à les cultiver soi-même.

Les besoins nutritifs des herbes aromatiques sont minimes, à l'exception du basilic et du persil. Leurs principes actifs sont d'autant plus concentrés qu'elles poussent dans des sols pauvres et dans des conditions difficiles. De faibles applications annuelles de compost mûr leur assurent une croissance et une qualité optimales. On fertilise le basilic et le persil comme la laitue.

On peut classer les herbes selon leur cycle de vie au jardin : les vivaces et les annuelles.

Les herbes vivaces

Les herbes vivaces sont simples à cultiver. On peut les propager par semis intérieur, mais le mode de multiplication le plus simple demeure la plantation de plants achetés ou obtenus par division. La menthe, la mélisse, la cataire, la ciboulette, la livèche, le thym vivace, l'origan et l'estragon se multiplient facilement de cette façon. On réservera pour les menthes un coin à l'écart, qu'on gardera humide.

Les herbes cultivées comme annuelles

L'aneth, le cerfeuil, la coriandre, le basilic et la camomille ont un cycle de vie très court. On les propage généralement par semis direct. On peut aussi propager le basilic par semis intérieur. On le sèmera en caissette de 3 à 4 semaines avant la date prévue de transplantation. La camomille, la coriandre et l'aneth ont l'avantage de se ressemer d'une année à l'autre.

On multiplie le romarin, la marjolaine, le thym anglais, la sauge, la sarriette et le persil par semis intérieur. Certaines de ces semences étant très fines, on ne doit les recouvrir que d'une très mince couche de terreau. On sème ces espèces 2 mois avant la date prévue de transplantation. On peut transplanter le persil tôt au printemps. On doit attendre que les risques de gel soient passés pour transplanter les autres espèces. Si, à la fin de l'automne, on protège le thym, le persil et la sauge avec un paillis, ces herbes survivent aux rigueurs de l'hiver.

On sèche les herbes en bouquets suspendus à l'abri de la lumière et de la poussière. On peut utiliser un sac de papier pour les protéger. On les conserve dans des pots de verre teinté, dans une armoire fraîche. L'hiver venu, l'infusion d'un mélange d'herbes qu'on a fait sécher permet de profiter pleinement de l'énergie du soleil estival. Par surcroît, les principes actifs emmagasinés dans leurs feuilles contribuent à améliorer la santé de l'organisme et à chasser les « blues » des mois d'hiver.

Coriandre chinoise

Chapitre 17

Le contrôle des plantes adventices

Une fois les planches préparées et les cultures établies, l'essentiel du travail du jardinier est complété. Il peut maintenant ralentir son rythme de travail et observer l'évolution du paysage qu'il a créé. Les plantes qui s'épanouiront au fil de la saison ne cesseront de l'émerveiller que lorsque la neige les aura ensevelies.

Elles déploieront de magnifiques symphonies de couleurs, tantôt chatoyantes et suaves sous le jeu de leurs mille nuances de vert, tantôt éclatantes et festives sous le contraste de leurs teintes de rouge et d'orangé, de bleu et de jaune. Toutefois, le jardinier ne devient pas pour autant spectateur passif de son œuvre. Il doit voir à l'entretien du jardin et des cultures. Entre autres, il doit prévenir l'envahissement du jardin par les plantes adventices, alias mauvaises herbes. Laissées à elles-mêmes, elles entreraient en compétition avec les cultures pour l'eau et les éléments nutritifs.

Le contrôle des plantes adventices repose principalement sur des mesures préventives. Un sol équilibré en minéraux est moins propice à leur développement. D'ailleurs, les plantes qui poussent spontanément dans un sol reflètent sa teneur minérale. Ainsi, l'amarante à racine rouge, l'épervière, le fraisier, le pissenlit et la prêle sont symptômes d'acidité ; la moutarde et les chardons indiquent une carence en phosphore et les légumineuses, une carence en azote. On peut donc tirer profit de la présence de ces plantes pour évaluer son sol.

La culture intensive et cyclique d'engrais vert favorise l'assainissement du sol. L'intégration d'une section d'engrais vert dans le cycle de rotation contribue à maintenir un sol libre de plantes adventices. Il faudra aussi éviter de laisser monter en graines les plantes indigènes et cultivées, tant dans le jardin que sur son pourtour. Enfin, aucune plante portant des semences ne sera ajoutée au compost.

En adoptant ces quelques mesures préventives, on limite l'envahissement du jardin par les plantes adventices. Malgré tout, de nombreuses semences sont transportées par le vent et d'autres, présentes dans le sol depuis des années, n'attendent que le moment propice pour germer. On doit donc intervenir afin de prévenir leur établissement. Le binage permet d'atteindre cet objectif.

Le binage

Le binage est une technique qui consiste à remuer le sol en surface avec une griffe à trois dents afin que les semences en germination et les jeunes plantes adventices soient asséchées.

Pour que le binage soit efficace, il doit être exécuté aux 10 jours durant la période de forte croissance des plantes adventices, soit en mai et en juin. Il devrait idéalement être fait par temps ensoleillé et sec. Le reste de la saison, comme les plantes adventices deviennent moins envahissantes et que le sol est presque entièrement couvert par les cultures, le binage n'est alors plus pratiqué qu'aux 15 à 20 jours, sur les quelques surfaces encore libres.

En plus de contrôler efficacement la compétition, le binage limite l'évaporation de l'eau du sol en brisant les canaux d'évaporation. C'est pourquoi on dit qu'un binage vaut deux arrosages. De plus, il introduit de l'oxygène dans le sol, ce qui stimule l'activité microbienne et accroît la minéralisation de la matière organique. En se minéralisant, celle-ci libère des éléments nutritifs pour les végétaux cultivés. Le binage augmente la qualité esthétique du potager, car il accentue les contrastes entre le sol et les végétaux. Rien ne surpasse en effet la beauté d'un jardin dont le sol a été fraîchement remué. Le travail du jardinier est alors pleinement mis en valeur. Enfin, cette activité permet de communier pleinement avec le milieu et d'observer attentivement les plantes cultivées, tant pour subvenir à leurs besoins que pour se nourrir de leur beauté. Le binage peut tenir lieu de méditation. Il permet au jardinier de ne faire qu'un, avec son jardin.

« Le binage est ma méditation. L'activité me permet de communier intimement avec mon milieu tout en évacuant la rationalité de mon esprit. En m'abandonnant au mouvement de ma griffe, je baigne dans un calme bienfaisant. La frontière qui me sépare des plantes, des pierres et des insectes s'estompe. Je deviens partie intégrante de mon univers. Je suis en paix, sans autre attente que mon prochain coup de griffe, le battement d'ailes du papillon, le chant du merle ou le murmure de l'eau. Je suis bien. Je suis, tout simplement[1]. »

La griffe employée joue un rôle important dans la qualité du travail et dans le plaisir du geste. La longueur du manche doit permettre d'effectuer le travail confortablement. On utilise une griffe large lorsque les surfaces à biner sont importantes. Une griffe étroite permet de biner entre les rangs, sans endommager les végétaux. Il faut être prudent lorsqu'on intervient près des végétaux afin de ne pas sectionner les racines de surface. Le binage doit toujours être fait en surface et avec délicatesse.

Le sarclage

Lorsque, pour une raison ou pour une autre, les plantes adventices ont envahi le jardin ou une partie du jardin, on aura recours au sarclage pour les éliminer. Le sarclage est une technique qui consiste à couper à l'aide d'une bêche tranchante les jeunes plants au niveau du collet. Par l'extension du mouvement de la bêche, le sol est remué en surface, ce qui crée un binage. Pour être efficace, cette opération doit être effectuée par temps sec et la lame de la bêche doit être bien affûtée.

Les paillis

L'application au sol d'un paillis végétal permet également d'étouffer la compétition. De la paille, des écorces de sarrasin, du bois raméal fragmenté[2] ou des feuilles semi-décomposées sont de bons matériaux à utiliser comme paillis. La paille doit cependant être exempte de grains, sinon ils germent au jardin et créent une végétation inesthétique. Les matériaux très riches en carbone comme le bran de scie ou les copeaux de bois créent des carences en azote dans le sol : on ne les emploiera qu'en très fines couches. Enfin, il faut faire attention aux matériaux vendus comme paillis. Les écorces d'arbres, surtout celles des conifères, ne conviennent pas aux cultures alimentaires à cause des résines qu'elles recèlent. Elles servent principalement à couvrir des géotextiles ou à tapisser des sentiers permanents.

L'utilisation de paillis réduit l'évaporation de l'eau du sol. En créant une couverture végétale, on imite les conditions des sols forestiers. L'activité microbienne est alors fortement stimulée. De plus, les paillis, en se décomposant, libèrent des éléments nutritifs pour les végétaux en croissance, ce qui augmente leur rendement. Cependant, si le milieu est déjà humide et infesté de limaces, le recours au paillis n'est pas recommandé, car il encourage la prolifération du mollusque. Comme la présence d'un paillis ralentit le réchauffement du sol, il est recommandé de ne l'appliquer qu'une fois les cultures établies.

1. Gagnon, Yves. *Un seul jardin*. Colloïdales. 2006, p. 114.

2. Le bois raméal fragmenté consiste en des branches d'arbres, des feuilles et des ramilles broyées, issues de l'entretien des lignes téléphoniques ou des parcs urbains.

Chapitre 18

La gestion de l'humidité

L'eau est essentielle à la croissance des végétaux. C'est elle qui transporte aux feuilles et aux fruits les éléments nutritifs absorbés par les racines. L'eau sert également à la transpiration, une fonction qui permet à la plante de régulariser sa température. Si le sol est carencé en eau, la plante refermera ses stomates (les pores des feuilles) afin de limiter les pertes d'eau, ce qui réduit la photosynthèse ainsi que les rendements.

Les excès d'eau sont tout aussi dommageables aux végétaux que les carences. Un sol gorgé d'eau est asphyxiant : les micro-organismes utiles ne peuvent y survivre. Sans vie, un sol est improductif. De plus, un sol saturé d'eau se réchauffe plus lentement au printemps. Les sols trop humides favorisent l'apparition de maladies fongiques, de certaines plantes adventices et de ravageurs spécifiques, comme les limaces. Dans les sols argileux, les excès d'eau retardent le travail du sol et favorisent la reprise en masse des agrégats ainsi que le compactage.

Les sols qui se drainent rapidement de leurs excès d'eau tout en conservant une bonne réserve d'humidité sont rares. Il faut donc apprendre à gérer l'humidité du sol.

Les excès d'eau

Ce sont les sols lourds et argileux qui présentent des problèmes d'excès d'eau. Les causes principales des excès d'eau se résument à une texture trop fine, une mauvaise structure, une couche imperméable dans le profil du sol ou une nappe phréatique trop proche de la surface. On améliore la texture d'un sol en y ajoutant du compost. Dans les cas extrêmes, on peut l'amender avec une terre légère et sableuse, mais non avec du sable qui, combiné à l'argile, produirait du ciment ; on doit toujours s'assurer de la qualité de toute terre rapportée. Pour obtenir une bonne structure, il faut surveiller le pH et travailler le sol adéquatement (voir les pages 62, 65 et 162). S'il existe une couche imperméable dans le profil, on peut la fragmenter par un bêchage double. Lorsque la nappe d'eau est trop proche de la surface, mieux vaut déménager le jardin en un lieu plus adéquat. Si cela s'avère impossible, on rehaussera le niveau du sol avec une terre légère. Enfin, la culture en planches demeure la meilleure façon d'éloigner les cultures de la nappe phréatique ; en appliquant la technique, le sol est drainé et assaini.

Les carences en eau

Il se perd en moyenne par évaporation et par transpiration 150 mm d'eau par mois en juillet et en août au Québec. Comme il tombe en cette période en moyenne 100 mm de pluie par mois, on doit combler le déficit pluviométrique.

Les carences en eau peuvent être limitées par des mesures préventives qui réduisent l'évaporation et la transpiration; elles peuvent aussi être corrigées ponctuellement par l'irrigation.

Les mesures préventives

Afin de favoriser la formation d'une meilleure réserve d'eau dans le sol, il faut apporter de la matière organique. En créant une bonne structure, on favorise une meilleure pénétration de l'eau, ce qui en augmente la réserve.

Pour diminuer l'évaporation de l'eau du sol, le binage s'avère efficace, tout comme l'application d'un paillis végétal qui réduit par surcroît le ruissellement. L'établissement d'un brise-vent annuel ou permanent permet de freiner la transpiration et l'évaporation. Des tournesols géants ou des plants de maïs peuvent servir de brise-vent annuels en attendant que se développent les brise-vent permanents. Les brise-vent sont efficaces sur une distance équivalente à 10 fois leur hauteur.

L'irrigation

L'irrigation permet de combler le déficit pluviométrique. Lorsque les végétaux montrent des signes de flétrissement, c'est qu'ils manquent d'eau et qu'il faut irriguer. Les plantes ont en moyenne besoin de 2,5 cm d'eau par semaine. En période de canicule, dans le cas des sols sableux, plus poreux, on arrose aux quatre jours, alors que dans le cas des sols argileux, qui retiennent davantage l'eau, une fois par semaine suffit. Mieux vaut réduire la fréquence de l'arrosage, mais lorsqu'on arrose, le faire en profondeur.

On irrigue le jardin avec l'eau de la meilleure qualité possible. L'eau des cours d'eau, l'eau municipale ou l'eau de puits sont parfois contaminées par des substances chimiques diverses. On optera pour l'eau la plus pure disponible. En la laissant dégourdir durant 24 heures, on permet l'évaporation de certains composés chimiques volatils comme le chlore et le soufre.

L'eau d'irrigation devrait être tempérée ; l'utilisation de barils, de bassins ou d'un étang permet d'atteindre cet objectif. Dans les petits jardins, on arrose les végétaux au pied à l'aide d'un arrosoir manuel, idéalement en fin de journée.

Lorsque les surfaces sont plus importantes, on peut diviser le jardin en sections qu'on arrose à tour de rôle. Les espèces de climat frais (composées, crucifères, ombellifères, chénopodiacées, ail et poireaux) tolèrent l'irrigation par aspersion ; on peut donc employer des gicleurs pour irriguer ces espèces. On les arrosera alors le soir ou la nuit. Mais idéalement, on emploiera un système au goutte à goutte ou l'arrosage manuel.

Les espèces de climat chaud (solanacées, cucurbitacées et les oignons) réagissent mal à l'irrigation par aspersion : l'eau froide leur crée du stress et induit le développement de maladies fongiques. On doit les arroser manuellement ou employer un système au goutte à goutte, une technique qui a l'avantage de ne pas humecter le feuillage et de réchauffer l'eau.

On trouve des tuyaux suitants dans les quincailleries et les centres de jardin. Pour que ceux-ci soient durables, il faut éviter d'y créer une pression trop forte. Une fois les tuyaux installés, l'irrigation se fait sans effort et offre une économie de temps que le jardinier saura sûrement employer à bon escient.

Chapitre 19

Le contrôle des ravageurs

Le contrôle des ravageurs
en culture écologique repose
sur une stratégie qui conjugue
l'application de mesures
préventives et l'emploi de modes
de contrôle respectueux
de l'équilibre du milieu. Lorsque
les mesures préventives sont
appliquées judicieusement,
le besoin de recourir aux modes
de contrôle diminue.

Les mesures préventives

La plupart des techniques de base du jardinage écologique préviennent les infestations de ravageurs. Voici un résumé des principales.

Une fertilisation écologique

Les engrais de synthèse sont partiellement responsables des dommages causés aux cultures industrielles par les insectes nuisibles. On a constaté que la sensibilité des plantes aux ravageurs était directement liée à la fertilisation. Les engrais solubles produisent des plantes déséquilibrées chimiquement, beaucoup plus attirantes pour les insectes. On a déjà prouvé le lien entre l'accroissement de la reproduction des pucerons et un taux d'azote soluble élevé dans la plante, dû à l'utilisation d'azote de synthèse.

L'emploi régulier de compost combiné à l'utilisation rationnelle d'engrais non solubles produit des plantes équilibrées chimiquement, moins attirantes pour les ravageurs. A. Howard, un des pionniers de la culture écologique, fut l'un des premiers à constater que des plantes nourries avec du compost étaient beaucoup moins infestées que celles qu'on fertilisait avec des engrais de synthèse.

La rotation des cultures

En faisant se succéder sur une surface donnée des plantes de familles différentes, on réduit considérablement les risques d'infestations. En appliquant la rotation des cultures, on brise le cycle de vie de certains ravageurs. De plus, la rotation des cultures aide à prévenir les déséquilibres minéraux du sol, une cause importante des infestations de ravageurs.

La diversité du milieu

L'implantation dans le jardin d'une grande diversité végétale mine la capacité des ravageurs de repérer leur plante hôte. Cette approche a de plus l'avantage de convier un nombre élevé d'auxiliaires qui participent à l'équilibre écologique du milieu.

En appliquant les règles du compagnonnage, on prévient ponctuellement certaines infestations ou, à tout le moins, on réduit leur sévérité. La coriandre et l'oignon, par exemple, réduisent la ponte de la mouche de la carotte, alors que la sauge et le thym éloignent la piéride du chou.

Lynne Mackay

Le taux d'humidité du sol

Les carences tout comme les excès d'eau ouvrent la voie aux infestations d'insectes. Ainsi, des conditions printanières sèches favorisent la présence de l'altise alors que des conditions chaudes et humides favorisent la prolifération des limaces. Dans ce dernier cas, on évitera les paillis. Il faudra aussi opter pour la culture en planches et travailler la structure du sol, ce qui améliorera le drainage.

L'adoption d'un calendrier approprié

Afin de prévenir efficacement les ravages dans les cultures, il importe de connaître l'espèce qui en est la cause. En étudiant le cycle de vie des ravageurs, on peut modifier le calendrier de cultures et ainsi éviter certaines infestations. Par exemple, en retardant jusqu'en juin la transplantation ou le semis des crucifères, on prévient les dommages causés par la mouche du chou. On peut également, par la planification adéquate du calendrier, réduire les dommages causés par le ver gris et la mouche de l'oignon.

Même en appliquant rigoureusement les mesures préventives propres à l'approche écologique, à cause du déséquilibre généralisé de notre environnement et du commerce international, des insectes infesteront les cultures à l'occasion. On contrôlera alors les ravageurs en tentant de nuire le moins possible à l'équilibre global qu'on tente d'établir.

Les modes de contrôle

Lorsqu'on doit intervenir sur le milieu, il faut toujours évaluer les différentes interventions possibles et opter pour celles qui créent le moins d'impacts négatifs sur le milieu et les êtres vivants qui y évoluent.

Voici les principales interventions qui permettent de contrôler les ravageurs, celles à plus faible impact en premier lieu.

La cueillette manuelle

La cueillette manuelle est efficace pour contrôler un bon nombre d'insectes nuisibles. En cueillant les doryphores adultes avant qu'ils ne pondent, les dommages causés par les larves sont évités. On peut ramasser les vers gris le soir sous l'éclairage d'une lampe de poche ; une patrouille matinale permet aussi de trouver les coupables enfouis à la base des plants attaqués. Pour débusquer la larve, on n'a qu'à remuer légèrement le sol autour de la tige.

On peut aussi récolter à la main certaines chenilles. C'est le cas de la larve du sphinx de la tomate et du papillon du céleri.

Les barrières physiques

Le principe des barrières physiques est d'empêcher l'insecte d'atteindre sa plante hôte. Un agrotextile ou un simple tissu plein-jour blanc peuvent être utilisés pour recouvrir les cultures durant la période de l'année où elles sont vulnérables. Fins et légers, ils laissent passer l'eau et la lumière, mais non les ravageurs. On les fixe au sol à l'aide de petites pierres rondes afin de ne pas abîmer le tissu, auquel on doit donner suffisamment d'ampleur de façon à permettre aux jeunes plants de croître. Cette technique permet de contrôler efficacement la mouche du chou, la mouche de la carotte, la mouche de l'oignon ainsi que la chrysomèle rayée du concombre.

Des boîtes de conserve ou des contenants de plastique dont on a retiré le fond peuvent servir à protéger les jeunes plants des vers gris ; pour une plus grande efficacité, il faut les enfoncer de 2 cm dans le sol. On les retirera une fois terminé le cycle larvaire de l'insecte.

Les répulsifs

Différentes plantes, vivantes ou sèches, ainsi que divers purins ou décoctions de plantes agissent comme répulsifs. De la menthe fraîche grossièrement hachée et placée sur les choux en éloigne la piéride. Les retailles de cèdre placées entre les rangs de pomme de terre réduisent la présence de doryphores. L'absinthe et la tanaisie disposent comme la menthe de propriétés insectifuges ; utilisées fraîches, en purin ou en décoction, elles diminuent la présence des ravageurs.

La tanaisie en fleurs

Les pièges et les appâts

Différents pièges et appâts peuvent servir à contrôler de nombreux insectes nuisibles. Une boîte de conserve enfouie dans le sol dans

laquelle on verse un peu de bière permet la capture de limaces, alors qu'avec une vieille huile à friture ou une huile de poisson, on piège les perce-oreilles.

Des plaquettes jaunes engluées servent à capturer la chrysomèle rayée du concombre. Des rouleaux de papier journal humides et chiffonnés, placés le soir dans le jardin, piègent des perce-oreilles. Comme appât, on peut y mettre du beurre d'arachide. Le lendemain matin, les journaux n'auront qu'à être brûlés. On peut recommencer quotidiennement jusqu'à ce que les populations soient contrôlées.

Les pièges lumineux permettent d'éliminer de nombreux papillons de nuit, parents de quelques larves nuisibles dont le ver gris et la pyrale du maïs. Ce sont les lampes ultraviolettes qui exercent la plus forte attraction sur les insectes nocturnes, mais une ampoule ordinaire de 100 watts convient également. On achète ces pièges dans le commerce ou on les fabrique soi-même. Une ampoule protégée des intempéries et suspendue au-dessus d'un bassin d'eau savonneuse devient un piège maison efficace et bon marché.

Les insecticides maison

Avant de recourir aux insecticides commerciaux, le jardinier peut fabriquer lui-même plusieurs insecticides très efficaces.

Un insecticide à l'ail

Certaines substances présentes dans l'ail ont des propriétés insecticides. Pour préparer un insecticide maison à base d'ail, efficace contre les mites, les pucerons et les acariens, on fait macérer 20 g d'ail haché dans 20 ml d'huile végétale pendant 24 heures. On ajoute ensuite à l'huile 1 l d'eau et 10 ml de savon biodégradable; on mélange, puis on passe le liquide qui devient le concentré. Pour les vaporisations, on le diluera dans quatre fois son volume d'eau.

Pour augmenter le pouvoir insecticide de cette préparation, on peut ajouter 15 ml de sauce Tabasco au concentré ou bien on prépare une décoction de piment fort en faisant bouillir six piments forts dans 2 l d'eau qu'on laisse réduire de moitié. On emploiera cette décoction pour préparer le concentré, à la place de l'eau.

Le lessis

Le lessis est une macération de cendres. Pour le fabriquer, on mélange dans un seau 1 kg de cendres et 20 l d'eau. On brasse quelque peu, puis on laisse macérer toute la nuit. Le lendemain, la cendre se sera déposée au fond. Le lessis est le liquide clair sans la cendre.

Pour contrôler les larves de la mouche du chou, de la mouche de la carotte et de la mouche de l'oignon (voir plus loin dans ce chapitre), on arrose les plants avec le lessis. Pour être efficace, ce traitement doit être fait après l'éclosion des œufs des mouches, avant que les larves ne pénètrent dans la racine ou le bulbe. Le traitement peut être répété à quelques jours d'intervalle.

Les purins et les décoctions insecticides

Les sommités fleuries de la tanaisie et de l'absinthe et les feuilles de rhubarbe, de nicotine et de raifort peuvent servir à la fabrication de purins et de décoctions insecticides efficaces contre un bon nombre d'insectes. On peut opter pour un mélange de plantes. Pour la fabrication d'un purin, voir la page 86 et pour celle d'une décoction, voir la page 87.

Le neem

Le neem (*Azadirachta indica*) est un arbre qu'on cultive en Asie et en Afrique pour ses propriétés médicinales, insecticides et fongicides. Il permet de contrôler l'altise des crucifères, les charançons, les chenilles, la chrysomèle rayée du concombre, la mouche blanche, le doryphore de la pomme de terre, la fausse-arpenteuse du chou ainsi que le scarabée japonais au stade larvaire et de pupe. Il n'est pas toxique pour les mammifères.

Pour préparer un insecticide maison à partir de graines de neem, on fait tremper 30 ml de graines écrasées dans de l'alcool durant 30 jours, après quoi on filtre le liquide qu'on conserve dans un pot.

Pour les traitements, on emploie 50 gouttes de la macération par litre d'eau. On peut aussi employer de l'huile de neem vendue dans certaines épiceries indiennes. On mèle 15 ml d'huile par litre d'eau avec un trait de savon, puis on vaporise sur les plants infestés.

Les insecticides commerciaux

Utilisés rationnellement et en dernier recours, les insecticides biologiques commerciaux ont leur place dans une régie écologique. Ils permettent de contrôler les ravageurs qui infestent les cultures. Le jardinier avisé emploiera de préférence les plus sélectifs et les moins rémanents afin de minimiser leur impact négatif sur le milieu.

Voici les principaux insecticides commerciaux, en commençant par les moins nocifs.

Le savon insecticide

Le savon insecticide est composé de sels de potassium et d'acides gras. Il tue les insectes en perturbant leur système nerveux. Il est particulièrement efficace contre les pucerons, les araignées, les mites et les perce-oreilles. Le savon insecticide est cependant un insecticide de contact ; il doit donc être vaporisé directement sur l'insecte.

Les insecticides à base de neem

On trouve maintenant sur le marché des insecticides fabriqués à partir du neem. Ils permettent de contrôler un bon nombre d'insectes. Pour leur emploi, on suit les indications du fabricant.

Le *Bacillus thuringiensis* ou Bt

Le *Bacillus thuringiensis* est un insecticide de type bactérien. Il sert à contrôler plusieurs chenilles (les larves de papillon). Une fois ingérée, la bactérie produit des cristaux dans le système digestif de la chenille qui, ne pouvant plus s'alimenter, périt dans les 24 heures. Il existe plusieurs souches de cet insecticide. La plus répandue est le *Bacillus thuringiensis* var. *kurstaki*, qui permet de contrôler les larves de la piéride du chou, une chenille omniprésente dans les cultures de crucifères. On trouve ce Bt sur le marché québécois sous forme liquide sous le nom de BTK, et sous forme solide sous le nom de Dipel. Deux souches de Bt permettent de contrôler la larve du doryphore de la pomme de terre. Il s'agit du *Bacillus thuringiensis* var. *san diego* et du *Bacillus thuringiensis* var. *tenebrionis*. Au Québec, ces insecticides sont pour le moment réservés aux producteurs agricoles.

Les insecticides à base de pyrèthre

Le pyrèthre est une plante de la famille des composées. La pyréthrine que sa fleur contient agit sur le système nerveux des insectes. La plante la plus concentrée en cette substance est un chrysanthème cultivé au Kenya. Avec ses sommités fleuries, on fabrique un insecticide de contact et stomacal efficace contre les pucerons, les mites, bon nombre de coléoptères et de chenilles. Bien qu'il ne soit pas nocif pour les animaux à sang chaud, il affecte les animaux à sang froid, dont les crapauds et les couleuvres ; il faut donc être prudent au moment de son application. Cet insecticide étant peu sélectif, on l'utilisera uniquement en dernier recours.

On trouve sur le marché une formulation insecticide nommée Trounce qui combine pyrèthre et savon insecticide.

La roténone

La roténone est un insecticide fabriqué à partir du derris, une plante tropicale. Cet insecticide végétal n'étant pas sélectif, il doit être utilisé avec modération et toujours en dernier recours. Son usage a été récemment lié à la maladie de Parkinson. Il faut donc être prudent lors de son application.

On trouve la roténone sous forme de poudre à saupoudrer ou de poudre mouillable. On doit suivre les indications du fabricant.

Les principaux ravageurs

Afin de contrôler les ravageurs potentiels du potager, il importe de bien les connaître : ainsi on interviendra au bon moment et avec les bons traitements. Voici donc quelques informations sur les insectes qui présentent un risque pour les cultures.

Le doryphore de la pomme de terre

Leptinotarsa decemlineata
Colorado potato beetle

Le doryphore de la pomme de terre est originaire de l'est des montagnes rocheuses. On le trouve partout où on cultive la pomme de terre. L'insecte hiverne dans le sol au stade adulte. Au printemps, il recherche des plants

de pomme de terre pour se nourrir. Après l'accouplement, la femelle dépose ses œufs de couleur orangée sur la face inférieure des feuilles par grappes de 10 à 12. Les œufs donnent, de quatre à neuf jours plus tard, des larves rougeâtres. Ce sont les larves qui causent des dommages importants aux plants, et ce durant une bonne partie de la saison. Elles infestent également les aubergines, parfois les tomates.

On prévient les infestations du doryphore en récoltant manuellement les adultes, avant qu'ils ne s'accouplent et que les femelles ne pondent. L'insecte, un gros coléoptère jaune, rayé de bandes longitudinales noires, est facile à trouver sur les plants au milieu de la journée. On peut aussi, en retournant les feuilles, repérer les masses d'œufs et les écraser. Il est possible d'écraser les larves à la main mais, si un trop grand nombre se développe, un traitement s'impose. Les insecticides à base de roténone ou de pyrèthre sont efficaces pour contrôler les larves. Les Bt *san diego* ou *tenebrionis* permettent de contrôler les jeunes larves. Cependant, au Québec, ils ne sont actuellement accessibles qu'aux producteurs agricoles.

Le compagnonnage avec des haricots nains réduit la sévérité des infestations. Une association avec du lin est également bénéfique. L'utilisation de retailles de cèdre comme paillis diminue aussi la présence du ravageur.

L'altise du chou

Phyllotreta albionica

Cabbage flea beetle

L'altise du chou est un petit coléoptère sauteur de couleur noire qui crible de petits trous les jeunes plants de crucifères. Il est surtout actif au printemps et en conditions sèches. Un traitement au pyrèthre ou au neem permet de contrôler cet insecte lorsque sa population devient trop importante. Quelques plants de moutarde cultivés en guise de piège libèrent les autres cultures de la présence de ce coléoptère.

La mouche du chou

Hylemya brassicae

Cabbage maggot

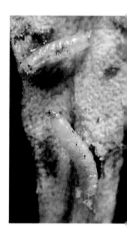

La mouche du chou est un important ravageur des crucifères. L'adulte émerge du sol au printemps et pond jusqu'à la fin de mai. Les œufs sont déposés au pied des jeunes plants. Une semaine plus tard, les larves blanches investissent les racines et s'en nourrissent. Dans un premier temps, les jeunes plants flétrissent, puis leurs feuilles jaunissent et périssent. Les radis, les navets, les choux et les brocolis sont souvent infestés de ces larves. Une deuxième génération de mouches voit le jour à la fin de l'été; elles infestent alors les rutabagas, les radis d'automne et les choux chinois.

Pour prévenir les dommages causés par la mouche du chou, on retarde au 10 juin la plantation des crucifères. On protégera avec un agrotextile ou un tissu plein-jour les radis et les navets établis en mai. Quelques plants de brocolis, de choux-fleurs et de choux d'été peuvent aussi être cultivés sous le voile. On peut tenter un contrôle des larves avec du lessis.

Pour empêcher l'infestation des rutabagas en août, on dégagera la partie comestible de la terre qui l'entoure, laissant seulement les vraies racines en contact avec la terre. On peut aussi protéger le légume avec un agrotextile tout comme on le fait pour les radis d'automne et les choux chinois.

La mouche de l'oignon

Hylemya antiqua
Onion maggot

La mouche de l'oignon pond ses œufs de la mi-mai à la fin de juin (ponte variable selon la saison et la région) à la base des plants d'oignons, d'oignons verts et d'échalotes. Les larves blanches pénètrent dans la base du bulbe en formation et s'en nourrissent, ce qui cause dans un premier temps le jaunissement des feuilles, puis la mort du plant. En transplantant les oignons très tôt, c'est-à-dire à la fin d'avril ou au début de mai, on prévient les dommages. Comme dans le cas de la mouche du chou, on peut tenter de contrôler les larves avec du lessis.

La mouche de la carotte

Psila rosae
Carrot rust fly

La mouche de la carotte est verte et sa tête est jaune. Elle produit deux générations par année. C'est la deuxième génération, celle qui surgit en août, qui est la plus susceptible d'infester les cultures de carottes. Les œufs sont déposés au niveau du collet des plants. Les larves qui en sont issues une dizaine de jours plus tard infestent les racines. Celles-ci sont alors percées de galeries noircies, ce qui mine leur conservation.

L'emploi d'un agrotextile au moment de la ponte empêche la mouche d'atteindre les cultures. Du phosphate minéral mélangé en parties égales à de la cendre de bois et saupoudré à la base des plants agit comme répulsif. Le lessis permet de contrôler les larves, mais on doit l'appliquer après l'éclosion des œufs, avant que les asticots n'investissent la racine pivotante.

Le compagnonnage avec de la coriandre et des oignons réduit la présence de ce ravageur. Dans le cas d'infestations, mieux vaut éliminer les résidus de carottes à l'automne.

La teigne du poireau

Acrolepiopsis assectella

Leek moth

Nouvellement importée d'Europe, la teigne du poireau est un papillon qui déploie des ailes brunes tachetées de blanc, d'une envergure de 16 à 18 mm. Elle pond ses œufs en juin sur les feuilles d'ail, d'oignon et de poireau. La chenille blanchâtre d'une longueur de 13 mm se nourrit des feuilles, sur lesquelles apparaissent des traces blanchâtres; puis elle pénètre au cœur de la plante qu'elle parasite, au point de la faire périr.

Pour contrôler les larves, on peut, avant qu'elles ne pénètrent au cœur du plant, les écraser manuellement ou traiter les plants avec du Bt ou un insecticide à base de pyrèthre ou de neem.

Le ver gris

Euxoa messoria ou *Euxoa ochrogaster*

Cutworm

Le ver gris est une larve de noctuelle. Ces papillons de nuit pondent leurs œufs du début d'août à la fin de septembre dans le sol ou dans les tas de compost ou de fumier non couverts. À la mi-mai, le printemps suivant, les œufs éclosent. Les larves qui en sont issues sortent de terre la nuit et grignotent les feuilles des jeunes plants de nombreuses espèces légumières. Plus tard, lorsque les larves sont plus développées, elles rongent les tiges des plants à ras du sol et les sectionnent. Cela donne l'impression que quelqu'un a coupé le plant à sa base.

Les larves, de couleur brun crème à gris selon les espèces, sont actives de la mi-mai à la fin de juin. Elles affectionnent particulièrement les crucifères, les cucurbitacées, les chénopodiacées, les liliacées, les laitues, les carottes et les tournesols, mais elles peuvent s'attaquer à presque toutes les espèces. Le matin, elles s'enfoncent dans le sol à la base de la plante qu'elles ont attaquée. Lorsque cet insecte n'est pas contrôlé, il cause des torts considérables aux cultures.

La cueillette manuelle demeure la meilleure arme contre ce ravageur. Le soir, on ramasse les larves sous l'éclairage d'une lampe de poche. Une patrouille matinale permet de repérer les dégâts de la nuit et de cueillir les coupables en remuant délicatement la terre au pied des plants attaqués.

Des boîtes de conserve sans fond, enfoncées à 2 cm de profondeur autour des plants les plus vulnérables, offrent une bonne protection ; on les laissera en place jusqu'à la fin du cycle larvaire qui se prolonge ici jusqu'à la fin de juin.

Pour prévenir le problème à la source, on peut installer des nichoirs à chauves-souris : ces mammifères sont de très efficaces prédateurs de papillons nocturnes. Dans les cas de problèmes récurrents avec ce ravageur, il est important de couvrir les tas de compost et de fumier à partir de la fin de juillet.

La piéride du chou

Pieris rapae

Imported cabbageworm

La piéride du chou est un papillon blanc ponctué de noir. D'origine européenne, elle est maintenant répandue sur l'ensemble du continent nord-américain. Elle pond ses œufs durant l'été, principalement sur les plants de choux verts, de brocolis, de choux-fleurs et de choux de Bruxelles. Les œufs sont déposés sur la face inférieure des feuilles ; ils éclosent une semaine après la ponte. Les larves, courtes au début, atteignent 3 cm en deux semaines. Pour atteindre cette taille, les larves se nourrissent des feuilles des choux, les criblant de trous. Ce faisant, elles laissent derrière elles de petits amas d'excréments verdâtres. Comme les larves sont difficiles à repérer à cause de leur coloration semblable à celle des feuilles, la présence d'excréments indique qu'une infestation est en cours.

Une vaporisation de Bt au besoin permet alors de neutraliser les larves. Le papillon est actif de juin à septembre. De deux à trois vaporisations peuvent être nécessaires en une saison.

En associant les choux au thym et à la sauge, on réduit la sévérité des infestations. Des feuilles de menthe ou d'absinthe hachées, déposées sur les plants, agissent comme répulsif. Le pyrèthre et le neem sont également efficaces contre ce ravageur.

La chrysomèle rayée du concombre

Acalymma vittatum

Striped cucumber beetle

La chrysomèle rayée du concombre est un insecte jaune rayé de trois bandes longitudinales noires. Elle infeste les plants de cucurbitacées dès leur émergence du sol, et ce jusqu'à leur floraison. Comme l'insecte est vecteur de la mosaïque du concombre et du flétrissement bactérien, on doit absolument le contrôler. L'emploi d'un agrotextile empêche l'insecte d'atteindre les plants : on peut laisser le tissu en place jusqu'à la floraison. Un insecticide à base de neem ou de pyrèthre diminue les populations, sans permettre toutefois un contrôle suffisant. La cueillette manuelle est difficile. L'installation de plaquettes jaunes engluées réduit le nombre d'insectes.

Les pucerons

Myzus persicae, *Brevicoryne brassicae* et *Lipaphis erysimi*

Aphids

Il existe de nombreuses espèces de pucerons. Ces petits insectes de couleur verdâtre à noire vivent en colonies sous les feuilles et sur les tiges. Ils sucent la sève des plantes qu'ils déforment et décolorent. On les remarque souvent sur les nouvelles pousses. La présence de pucerons est souvent due à des excès d'azote dans la plante.

En cas d'infestation importante, on peut traiter les végétaux atteints à l'aide d'un insecticide à l'ail ou avec du savon insecticide.

Le perce-oreille

Forficula auricularia

Earwig

Le perce-oreille est un insecte importé qui, quoique souvent considéré comme un auxiliaire dans la littérature, endommage certaines cultures dont les laitues et les haricots. Les dégâts varient selon le nombre d'insectes présents. Cet insecte nocturne se réfugie le jour dans les tiges creuses, les débris végétaux, les fissures dans le bois ou les trottoirs. La nuit, il sort de son abri pour s'alimenter.

On capture les perce-oreilles en enfonçant dans le sol des boîtes de conserve dans lesquelles on a mis comme appât de l'huile à friture ou de l'huile de poisson. Du papier journal humide, enroulé, chiffonné et déposé le soir à différents endroits dans le jardin sert de refuges à de nombreux individus; on peut employer du beurre d'arachide comme appât. On n'aura qu'à brûler les journaux le matin venu. Du savon insecticide ou du savon à vaisselle dilué à 1 % exerce un certain contrôle sur les populations.

Le taupin

Limonius agonus
Wireworm

La larve du taupin, appelée communément ver fil-de-fer, est cylindrique, dure, luisante et de couleur orangée; elle peut investir les oignons, les pommes de terre, les carottes et les rutabagas. On contrôle ce ravageur à l'automne par un travail du sol qui l'expose à ses prédateurs. Des poules laissées libres dans le jardin à cette période permettent un bon nettoyage du sol.

Le hanneton

Phyllophaga sp.
June beetle

Longues de 3 cm, blanchâtres, munies d'une tête brune et d'une queue bleutée, les larves de hanneton se nourrissent des racines de plusieurs espèces, dont la pomme de terre et le fraisier. Le hanneton adulte pond en juin dans les tas de fumier et de compost. Pour prévenir les infestations, il faut couvrir les tas de compost. Un travail du sol à l'automne ou au printemps l'expose à ses prédateurs.

La petite limace grise

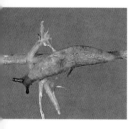

Deroceras reticulatum
Slug

Les limaces sont des mollusques visqueux qui se nourrissent du feuillage de nombreuses plantes légumières et ornementales. Elles affectionnent particulièrement la laitue et les choux. Elles prolifèrent par temps humide dans des sols mal drainés. On peut prévenir les dommages en parsemant des coquilles d'œufs broyées ou du poivre de cayenne sur les plants vulnérables et sur leur pourtour. Une décoction ou un purin d'absinthe exercent un effet répulsif. Des pièges contenant de la bière permettent de capturer un bon nombre d'individus. Une planche disposée à plat près des zones infestées sert d'abri aux mollusques le jour ; en soulevant la planche, on peut en capturer un bon nombre. Dans le cas d'infestations importantes, l'emploi de paillis doit être évité et la culture en planches privilégiée.

Chapitre 20

Les maladies et les désordres physiologiques

En culture écologique,
le contrôle des maladies, tout
comme celui des ravageurs,
repose sur des mesures
préventives. Ces mesures
regroupent la plupart
des techniques de base
de la culture écologique :
la rotation des cultures,
la fertilisation biologique,
un travail du sol judicieux
et une saine régie.
Ces techniques ont été présentées
dans les chapitres précédents.

On peut aussi appliquer certaines mesures préventives dans le cas de problèmes spécifiques. Par exemple, le choix de cultivars résistants permet de contrôler à la source certaines maladies. Ainsi, certains cultivars de pois résistent à la fusariose, à l'anthracnose, au mildiou ou à la mosaïque ; plusieurs cultivars de tomate sont insensibles au verticillium et à la mosaïque du tabac, alors que de nombreux concombres sont résistants à la mosaïque, au mildiou, à l'anthracnose et à la tache angulaire.

Par ailleurs, comme les maladies sont souvent transmises aux plants par les semences, on peut, dans le cas de problèmes récurrents, traiter les semences à l'eau chaude. Pour le traitement, il faut envelopper les semences dans un tissu et les faire tremper pendant 25 minutes dans une eau à 50 °C. On doit utiliser un thermomètre afin de ne pas dépasser cette température, ce qui minerait leur viabilité. Après le traitement, on fera sécher rapidement les semences sur une plaque, à température ambiante.

Pour éviter de voir se développer des maladies, il importe également de ne pas planter trop densément, d'éviter d'irriguer par aspersion avec de l'eau froide et surtout de ne pas manipuler les végétaux lorsqu'ils sont humides. Enfin, certains insectes, comme le puceron ou la chrysomèle rayée du concombre, sont vecteurs de maladies ; on doit donc les contrôler dès leur apparition.

Lorsque des maladies virales ou bactériennes se développent, il importe d'éliminer promptement les sujets atteints. Dans les cas de maladies fongiques, on peut tailler les parties atteintes qu'on élimine sans délai. On n'incorpore jamais au compost des plantes atteintes de maladies : on les brûle ou on les envoie aux rebuts.

En appliquant ces mesures préventives, les maladies seront moins fréquentes et moins virulentes. Si une maladie se manifeste, il faudra dans un premier temps bien l'identifier de façon à pouvoir apporter les correctifs appropriés.

Les maladies

On rencontre trois principaux types de maladies : les maladies bactériennes, les maladies virales et les maladies fongiques. Les premières sont causées par des bactéries, les secondes par des virus et les troisièmes par des champignons. Voici quelques pistes pour agir en cas d'infection.

Les maladies bactériennes

Les maladies bactériennes se développent surtout en conditions chaudes et humides; des semences ou des plants infectés ainsi qu'une trop forte densité en sont souvent la cause. Les plus communes sont la gale commune chez la pomme de terre, la nervation noire chez les crucifères, la tache angulaire chez les cucurbitacées, le flétrissement bactérien chez les concombres, les pois et les haricots et la pourriture bactérienne chez la laitue, les choux, les carottes et les oignons. Le seul remède à ces problèmes consiste à éliminer prestement les sujets atteints. Par la suite, on doit appliquer la rotation des cultures pour empêcher la réapparition du problème.

Les maladies virales

Les maladies virales sont moins répandues dans les jardins, mais lorsqu'elles se manifestent, elles sont dévastatrices. Elles sont transmises par les semences ou par certains insectes comme la chrysomèle rayée du concombre et le puceron.

Les principales sont les différentes mosaïques qui affectent les tomates, les pommes de terre, les pois, l'ail et les cucurbitacées. Le feuillage devient alors marbré de vert pâle et de vert foncé, puis le plant se rabougrit. Dès qu'on observe ces symptômes, il faut rapidement éliminer les plants atteints et adopter des mesures d'hygiène très strictes. L'année suivante, la rotation des cultures doit être appliquée rigoureusement et les cultures doivent être conduites à partir de semences saines.

Les maladies fongiques

Les maladies fongiques, dites aussi cryptogamiques, sont les maladies les plus courantes. Elles sont causées par des champignons microscopiques. Les symptômes les plus courants de ces maladies sont la présence de taches sur les feuilles qui dépérissent par la suite. Pour prévenir leur apparition, on peut effectuer diverses vaporisations sur le feuillage; l'efficacité du traitement dépend de la virulence du champignon, des conditions

Danièle Laberge
La prêle des champs

**Bicarbonate
de sodium**

Soufre microfin

climatiques et du moment du traitement. Pour de meilleurs résultats, on traite deux semaines avant le moment où apparaissent habituellement les symptômes. Pour maximiser l'efficacité des traitements, on doit vaporiser une fois par semaine ou après chaque pluie.

La vaporisation d'une solution de lait à raison d'une partie de lait faible en gras et de neuf parties d'eau est très efficace pour prévenir plusieurs maladies fongiques, dont l'alternariose de la tomate et le mildiou de l'oignon. Une solution de bicarbonate de sodium dilué à raison de 5 ml par litre d'eau constitue également un bon traitement préventif. L'efficacité de ces deux derniers traitements repose sur l'alcalinisation du feuillage, nuisible au développement des champignons. En prévention, on peut aussi employer une décoction ou un purin de prêle ou de tanaisie (voir la page 87 pour la préparation d'une décoction et la page 86 pour celle d'un purin). On peut aussi préparer un fongicide très efficace avec 15 ml d'huile de neem et 5 ml de savon liquide qu'on mélange à un litre d'eau.

Enfin, les fongicides commerciaux à base de soufre ou de cuivre sont d'une efficacité relative pour contrôler les champignons ; l'efficacité du traitement dépend du climat, du type de champignon et du degré d'infestation. La chaux soufrée, la bouillie soufrée, le soufre microfin, la bouillie bordelaise et le sulfate de cuivre sont quelques-unes des substances permises en culture écologique pour prévenir et contrôler les maladies fongiques. Pour le mode d'emploi de ces différents produits, il faut se référer aux indications fournies par le fabricant.

En jardinage, ce sont souvent les mêmes maladies fongiques qui reviennent d'une année à l'autre. Voici les principales.

L'oïdium

Erysiphe cichoracearum
Powdery mildew

L'oïdium, qu'on appelle également le blanc, est une maladie fongique qui se développe en conditions sèches. Elle affecte les cucurbitacées, les tournesols, la vigne et plusieurs espèces ornementales. Le champignon entraîne l'apparition de taches blanches sur le feuillage qui, ultimement, s'assèche. Des vaporisations d'eau, de purin de prêle ou d'une solution de bicarbonate de soude contribuent à prévenir et à contrôler cette maladie.

Le mildiou

Peronospora destructor (oignon), *Phytophtora infestans* (tomate)

Downy mildew, late blight

Le mildiou est une maladie fongique qui se développe en conditions humides et froides. On le rencontre principalement sur l'oignon, mais il peut aussi apparaître sur la pomme de terre et la tomate. Ce champignon qui prend la forme d'un duvet violacé sur le feuillage des oignons et de taches foliaires sur les tomates et les pommes de terre est dévastateur et par surcroît difficile à maîtriser. Des vaporisations préventives d'une solution de lait sont efficaces ; pour les tomates et les pommes de terre, la virulence du champignon rend le contrôle difficile, une fois les symptômes apparus.

Le mildiou de l'oignon

L'alternariose

Alternaria solani

Early blight

L'alternariose est une maladie courante de la tomate. Elle se manifeste par l'apparition de taches rondes et brunes formées d'anneaux concentriques autour desquelles se forment des plages jaunes. L'infection cause finalement le noircissement puis l'assèchement du feuillage qui se fait du bas vers le haut du plant. La défoliation du plant qui s'ensuit cause souvent l'insolation des fruits.

On prévient cette maladie par l'emploi de tuteurs en cuivre désinfectés à l'alcool, par un compagnonnage réduit à la base des plants ce qui favorise une meilleure circulation d'air et un assèchement rapide des feuilles, et par des vaporisations hebdomadaires d'une solution de lait à partir de la mi-juillet.

L'anthracnose

Colletotrichum coccodes

Anthracnose

L'anthracnose s'attaque aux tomates, aux poivrons et aux cucurbitacées. Des taches décolorées apparaissent sur les poivrons. De petits cratères se forment sur les tomates, les concombres et les courges. On contrôle cette maladie par des vaporisations antifongiques.

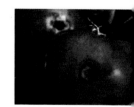

La hernie du chou

Plasmodiophora brassicae

Clubroot

La hernie du chou est caractérisée par une déformation et un renflement des racines. Le champignon responsable de cette maladie s'attaque aux choux, aux brocolis et aux navets. Il est plus virulent dans les sols argileux, acides et mal drainés. Il persiste longtemps dans le sol. Lorsque la hernie se manifeste, il faut pratiquer une rotation d'au moins cinq ans. La culture en planches aide à prévenir cette maladie.

Le charbon

Ustilago zeae

Corn smut

Le charbon est une maladie fongique qui parasite les épis de maïs. Il s'y forme de grosses masses brunes et difformes. Dans les cas d'infection, on élimine les épis atteints et on pratique rigoureusement la rotation des cultures. Il n'existe pas de traitement pour cette maladie.

Les taches foliaires

Des taches de formes et de couleurs variées peuvent apparaître sur les végétaux. Elles sont généralement causées par des champignons. Pour les contrôler, on privilégiera les mesures préventives.

Les désordres physiologiques

Les plantes légumières peuvent présenter, selon le climat et les conditions de culture, différents problèmes de croissance. Voici les principaux désordres physiologiques rencontrés, leurs causes et leurs solutions.

La pourriture apicale

Blossom-end rot

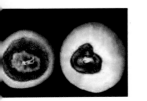

La pourriture apicale se manifeste chez la tomate et le poivron. On la reconnaît aux lésions noires qui apparaissent sous le fruit. Elle est causée par une carence en calcium dans la plante, une carence généralement due à des conditions d'humidité irrégulières dans le sol qui empêchent une bonne circulation de l'élément et nuisent à son absorption par la plante. La pourriture apicale peut aussi être causée par une carence en calcium dans le sol.

Pour corriger ce problème, on peut arroser les plants atteints d'une solution de lait écrémé ou de petit-lait à raison d'un volume de petit-lait ou de lait écrémé pour quatre volumes d'eau. On répètera l'arrosage jusqu'à ce que le problème soit résorbé. On peut aussi appliquer 60 ml de cendre à la base du plant, puis arroser en profondeur. Une irrigation régulière permet généralement de prévenir le problème.

Le craquement vertical de la tomate
Vertical fruit cracking

Le craquement vertical de la tomate est causé par une irrégularité de l'humidité du sol. Une irrigation régulière permet de prévenir ce problème tout comme le choix de cultivars moins sensibles.

La chute des fleurs
Blossom drop

La chute des fleurs est un problème qui se manifeste surtout chez le poivron. Elle est principalement due à des nuits trop froides. Pour y remédier, on peut protéger les plants pendant les nuits fraîches de juin.

Les carences minérales diverses
Mineral deficiency

Différents problèmes de croissance sont liés à des carences minérales dans le sol. Une carence en calcium peut causer une mauvaise formation des fruits. Elle est également la cause du cœur noir du céleri. Une humidité régulière assurée par l'irrigation permet de prévenir ce problème en favorisant la circulation du calcium.

Une carence en bore peut causer le cœur creux ou le cœur noir chez le céleri-rave et le rutabaga. Elle peut aussi occasionner un brunissement des inflorescences du chou-fleur. Une fertilisation avec 100 g de borax (borate de sodium) aux 100 m² permet de prévenir ce problème.

Les Jardins du Grand-Portage

Dans le nord-est de Lanaudière, niché dans les contreforts des Laurentides, se trouve Saint-Didace. Depuis maintenant 30 ans, Yves Gagnon, Diane Mackay et leur équipe y aménagent, dans la plus pure tradition du jardinage écologique, des jardins maraîchers et des jardins d'herbes, des jardins anglais et des jardins orientaux, des jardins aquatiques et un verger domestique.

Un sentier sinueux conduit le visiteur de jardin en jardin au fil desquels il découvre les multiples facettes du jardinage écologique ainsi que les riches et complexes manifestations du monde vivant qui en découle.

Le chemin des Jardins

Pour accéder au site, prenez l'autoroute 40 à partir de Montréal ou de Québec. Si vous arrivez de Montréal, vous empruntez la sortie 144 afin de gagner Saint-Gabriel. De Saint-Gabriel, il faut prendre la route 348 Est, contourner le village de Saint-Didace, puis prendre le premier chemin sur la droite, 6 km après le village. Attention, l'entrée du chemin du Portage est abrupte et mal indiquée.

Si vous arrivez de Québec, vous devez emprunter la sortie 174. De Louiseville, vous prenez la route 348 Ouest. Quelques kilomètres après le village de Saint-Édouard, prenez la traverse du Portage à gauche, puis le chemin du Portage à gauche.

Les jardins sont ouverts de la Saint-Jean à la fête du Travail.

Les Jardins du Grand-Portage
800, chemin du Portage
Saint-Didace (Québec)
Canada J0K 2G0
colloidales@intermonde.net
www.intermonde.net/colloidales/

Adresses utiles

Semenciers

William Dam Seeds
279 Hwy 8 RR 1
Dundas (Ontario)
Canada L9H 5E1
www.damseeds.com
Semences non traitées

Johnny's Selected Seeds
955 Benton Avenue
Winslow, Maine
04901-2601 USA
johnnyseeds.com
Choix de semences biologiques
de légumes de saison froide

Vesey's Seeds Ltd.
PO Box 9000
Charlottetown
Île-du-Prince-Édouard
Canada C1A 8K6
www.veseys.com
Cultivars de saison froide

Les Jardins du Grand-Portage
800, chemin du Portage
Saint-Didace (Québec)
Canada J0K 2G0
www.intermonde.net/colloidales/
Qualité biologique

Terra Edibles
PO Box 164
535 Ashley Street
Foxboro (Ontario)
Canada K0K 2B0
www.terraedibles.ca
Qualité biologique

Richter's Herbs
Goodwood (Ontario)
Canada L0C 1A0
www.richters.com
Plantes aromatiques
et médicinales

Mycoflor
7850, chemin Stage
Stanstead (Québec)
Canada J0B 3E0
http ://mycoflor.ca
Semences non traitées

La Société des Plantes
207, rang de l'Embarras
Kamouraska (Québec)
Canada G0L 1M0
lasocietedesplantes.com
Semences biologiques
de plantes particulières

The Cook's Garden
PO Box C 5030
Warminster, PA
18974 USA
www.cooksgarden.com
Cultivars sélectionnés
pour les plaisirs de la table

Gardens North
5984 Third Line Road
North Gower (Ontario)
Canada K0A 2T0
www.gardensnorth.com
Plantes ornementales
de partout sur la planète

Germinance
Les Rétifs
F-49150 Saint-Martin-d'Arcé
France
www.semaille.com
Semences biodynamiques

Le Biau Germe
47360 Montpezat
France
www.biaugerme.com
Semences biologiques
et biodynamiques

Programme semencier
du Patrimoine Canada
CP 36, Succursale Q
Toronto (Ontario)
Canada M4T 2L7
www.semences.ca
Association canadienne vouée à
la conservation et à l'échange de
semences

Seed Savers Exchange
3094 North Winn Road
Decorah, Iowa
52101 USA
www.seedsavers.org
Association américaine vouée
à la conservation et à la vente
de semences de cultivars anciens

Outils, équipement et engrais

Distrival Canada
3393, rang Saint-Philippe
Fortierville (Québec)
Canada G0S 1J0
1 800 881-9297
www.distrival.qc.ca
Algues liquides, émulsions
de poisson, farine d'algue,
de crevette et de crabe

Les Engrais Naturels
McInness
CP 370
Rock Island (Québec)
Canada J0B 2K0
819 876-7555
Mica, basalte,
phosphate minéral

Coopérative Unitek
26, route Maritime
Forestville (Québec)
Canada G0T 1E0
coopunitek@linuxmail.org
Farine de crabe et d'algue,
compost marin

Lee Valley Tools
PO Box 6295 Station J
Ottawa (Ontario)
Canada K2A 1T4
www.leevalley.com
Outils de qualité

Texel
485, rue des Érables
Saint-Élzéar-de-Beauce
(Québec)
Canada G0S 2J0
1 800 463-8929
Bâche à compost

Qué-Pousse
940, Bergar
Laval (Québec)
H7L 4Z8
1 800 489-2215
www.hydroponix.com
Éclairage artificiel

Également aux Éditions Colloïdales

Un seul jardin

Les douze chapitres qui correspondent aux mois de l'année sont construits d'une suite de chroniques par lesquelles l'auteur nous dévoile son jardin et nous communique son amour de la terre ainsi que ses préoccupations sociales et environnementales.

La culture écologique
pour petites et grandes surfaces

Un livre complet sur le sol et sa gestion. Il traite de la texture et de la structure du sol, de la qualité biologique, de la fertilisation organique et minérale, de la rotation, des cultures associées, du travail du sol et de la gestion de son humidité.

La culture écologique des plantes légumières

Historique, propriétés et valeur nutritive, catégories et cultivars, mode de culture, parasitisme et désordres physiologiques, récolte et conservation, production de semences, telles sont les 7 rubriques qui servent à présenter les 56 espèces légumières traitées dans cet ouvrage exhaustif.

Un jardin avec Aristott

Ce livre raconte l'histoire de deux adolescents qui projettent de cultiver un jardin potager dans le but d'ouvrir un kiosque de fruits et de légumes devant leur maison. Aristott, une réincarnation du célèbre philosophe, leur apparaît un beau matin et leur offre de l'aide. Ils réaliseront un superbe jardin écologique.

Les Éditions ©
Colloïdales
800, chemin du Portage
Saint-Didace (Québec)
Canada J0K 2G0
www.intermonde.net/colloidales/

Bibliographie

AUBERT, Claude. *L'agriculture biologique*. Le Courrier du livre. 1977.

BENNET, Jennifer. *Northern Gardener*. Camden House. 1982.

CARR, Anna. *Color Handbook of Garden Insects*. Rodale Press. 1979.

COLEMAN, Eliot. *The New Organic Grower*. Old Bridge Press. 1989.

Identifying Diseases of Vegetables. Pennsylvania State University. 1983.

JEAVONS, John. *Comment faire pousser plus de légumes*. Ecology Action. 1979.

PETERSON, C. et S. MICHALAK. *Rodale's Successful Organic Gardening. Vegetables*. Rodale Press. 1993.

PETIT, Jacques. *Le compost, théories et pratiques*. Éditions L'oiseau Moqueur. 1976.

Revues *Harrowsmith*, de 1980 à 1992.

Revues *Les Quatre Saisons du jardinage*, de 1987 à 2007.

RENAUD, Victor. *Le potager par les méthodes naturelles*. Rustica. 1994.

SERALINI, Gilles-Éric. OGM, *Le vrai débat*. Flammarion. 2000.

SOLTNER, Dominique. *Les bases de la production végétale. Le sol*. Collection Sciences et techniques agricoles. 1985.

TRONICKOVA, Eva. *Plantes potagères*. Gründ. 1986.

VEILLERETTE, François. Pesticides. *Le piège se referme*. Terre Vivante. 2002.

VON HEYNITZ, Krafft. *Le compost au jardin*. Terre Vivante. 1985.

Remerciement

Un remerciement tout spécial à la Société d'Entomologie du Canada et à la Société de Phytopathologie du Canada pour la permission de reproduire certaines photographies couleurs de ravageurs et de maladies du livre *Maladies et ravageurs des cultures légumières au Canada*, coédité par les deux sociétés.

Cet excellent ouvrage est disponible sous forme numérique auprès de la Société d'Entomologie du Canada à l'adresse suivante :

Société d'Entomologie du Canada
393, Winston Avenue
Ottawa (Ontario)
K2A 1Y8

Quelques sites internet intéressants

www.artac.info
Information sur le cancer et l'alimentation
www.cap-quebec.com
Coalition pour les alternatives aux pesticides
www.foodnews.org
Information sur les résidus de pesticides dans nos aliments
www.greenpeace.ca/f
Information sur l'environnement, les OGM, l'agriculture et les changements climatiques
www.sustainableproduction.org
Information sur le lien entre l'alimentation et la santé
www.preventcancer.com
Information sur la prévention du cancer

Quelques mots
à l'attention des jardiniers européens

Mes livres sur la culture écologiques sont distribués en Europe par Distribution Nouveau Monde (www.librairieduquebec.fr). Comme le contexte climatique européen est différent de celui du Québec et qu'on ne trouve pas toujours sur le vieux continent les mêmes intrants qu'en Amérique du Nord, les jardiniers européens devront adapter à leur réalité l'information contenue dans ces pages.

Pour ce qui est du reste, l'approche culturale reste valable, où que l'on soit sur la planète. En effet, les principes de base de la culture écologique demeurent les mêmes partout : respect du sol, optimisation de la biodiversité, contrôles phytosanitaires naturels, économie de l'eau, prévention et rotation. Ces principes sont ici présentés avec une couleur nord-américaine. En espérant qu'ils vous permettront d'améliorer votre régie ainsi que la qualité de vos cultures.

Bonne lecture !

Conclusion

Après 15 mois de labeur, voilà maintenant complétée la rédaction de mon ouvrage définitif sur le jardinage écologique. Il ne reste plus que les dernières vérifications à effectuer avant le transfert du dossier à l'imprimerie.

Synthèse de *La culture écologique pour petites et grandes surfaces* et de *La culture écologique des plantes légumières*, ce livre grand public devrait répondre aux besoins de quiconque désire s'investir dans l'aménagement d'un jardin conduit dans le respect des règles de la vie. Il devrait permettre à tous ceux et celles qui le souhaitent, de produire des fruits, des légumes et des herbes de qualité optimale, la pierre d'assise d'une santé robuste, garante de vitalité, de fécondité et de joie de vivre.

Quoique je continuerai de garder à jour mes livres traitant de la culture écologique, l'édition de cet ouvrage constitue pour moi la fin d'un cycle d'écriture. Je m'impliquerai dorénavant dans un champ tout aussi important pour notre santé et celle de l'environnement, celui de l'alimentation. La cuisine a toujours été pour moi une passion : c'est d'ailleurs mon intérêt pour l'art culinaire qui m'a conduit à l'agriculture, la discipline responsable de la production de la matière première de notre nourriture.

Je compte donc m'impliquer dans l'écriture d'un livre de cuisine qui présentera l'activité dans un contexte de plaisirs éthiques et responsables et les repas comme une façon de poser, trois fois par jour, un geste politique, tout en s'offrant une santé de fer et un festin sans cesse renouvelé. J'y intégrerai une multitude de recettes dont mes rillettes de bon coeur, mon orgietto aux petits légumes, ma quiche transcendantale aux épinards et mon aumônière aux cèpes et à la truite fumée.

D'ici une prochaine rencontre, je vous souhaite bonne lecture et surtout la conscience... de l'urgence de la conscience.

Yves Gagnon
29 février 2008

Avant qu'on ne s'éteigne

Avant que ne flétrissent les monarques
Que ne s'étiolent les parulines
Avant que ne pullulent les sauterelles
Et que nous envahissent les ronces
Il nous faudra praliner la route
Par laquelle nous irons
Puiser la lumière
Au cœur de la grande forêt
Nous en ferons un tapis
Pour parcourir le ciel
Avant qu'on ne s'éteigne
Nous en ferons une armure
Pour ceinturer la Terre
Avant qu'on ne s'éteigne

Index